KB067107

————————— 님의 소중한 미래를 위해
이 책을 드립니다.

성격도
수리가 됩니다

PERSONALITY: HOW IT FORMS

Copyright © 2012 by Henry Kellerman
This material was originally published by the American Water Works Association (AWWA)
All rights reserved.

No part of this book may be used or reroduced in any manner whatsoever without written permission
except in the case of brief quotations embodied in critical articles or reviews.

Korean Translation Copyright © 2018 by ONE&ONE CONTENTS GROUP
Korean edition is published by arrangement with American Mental Health Foundation Inc.
through Imprima Korea Agency

이 책의 한국어판 저작권은 Imprima Korea Agency를 통해
American Mental Health Foundation Inc.와의 독점계약으로 원앤원콘텐츠그룹에 있습니다.
신저작권법에 의해 한국 내에서 보호를 받는 저작물이므로 무단전재와 무단복제를 금합니다.

성격도 수리가 됩니다

관계의 99퍼센트는 성격이다

헨리 켈러만 지음 | 마도경 옮김

메이트북스

메이트북스 우리는 책이 독자를 위한 것임을 잊지 않는다.
우리는 독자의 꿈을 사랑하고,
그 꿈이 실현될 수 있는 도구를 세상에 내놓는다.

성격도 수리가 됩니다

초판 1쇄 발행 2019년 1월 2일 | **지은이** 헨리 켈러만 | **옮긴이** 마도경
펴낸곳 ㈜원앤원콘텐츠그룹 | **펴낸이** 강현규 · 정영훈
책임편집 김슬미 | **편집** 안미성 · 이가진 · 이수민
디자인 최정아 | **마케팅** 한성호 · 김윤성 · 김나연 | **홍보** 이선미 · 정채훈
등록번호 제301-2006-001호 | **등록일자** 2013년 5월 24일
주소 06132 서울시 강남구 논현로 507 성지하이츠빌 3차 1307호 | **전화** (02)2234-7117
팩스 (02)2234-1086 | **홈페이지** www.matebooks.co.kr | **이메일** khg0109@hanmail.net
값 16,000원 | **ISBN** 979-11-6002-192-9 03190

메이트북스는 ㈜원앤원콘텐츠그룹의 경제 · 경영 · 자기계발 · 실용 브랜드입니다.
잘못 만들어진 책은 구입하신 서점에서 교환해 드립니다.
이 책을 무단 복사 · 복제 · 전재하는 것은 저작권법에 저촉됩니다.

이 도서의 국립중앙도서관 출판시도서목록(CIP)은 e-CIP홈페이지(http://www.nl.go.kr/ecip)에서
이용하실 수 있습니다.(CIP제어번호 : CIP2018038880)

나의 성격은
나의 행위의 결과다.

• 아리스토텔레스(고대 그리스의 철학자) •

1부
성격의 구조

1장 기억하기 ··· 53

2장 소망과 여러 병리적 증상들 ··· 69

2부
기본적인 성격 스타일 12가지

'나의 성격'에 대해
객관적인 눈을 갖게 하는 책

"일이 힘든 게 아니라 인간관계가 힘듭니다."

누구나 이 말을 숱하게 했을 것이며, 많이 듣기도 했을 것이다. 우리는 나와 다른 사람들 때문에 곤혹을 치르는 경우가 아주 많다. 상대방이 예측할 수 없는 일을 할 때, 또 자신과 영 다르게 일을 파악하고 행동할 때, 화낼 일이 아닌데 유독 상대방만 화를 내며 일을 그르치려고 할 때 사람들은 단지 당황하는 것에서 그치지 않고 나와 다른 상대방을 정신적으로 문제 있는 사람으로 여기며 관계까지 끊기도 한다.

그러나 어느 순간 우연한 기회에 상대방의 속마음을 알게 됨으로써 상대방이 왜 그렇게 행동할 수밖에 없었는지 깨닫는 경우가 종종 있다. 이는 상대방의 속마음을 통해 그가 어떻게 살아왔는지, 그가 살아오면서 겪은 여러 요인 중 한 가지라도 알게 되었기에 이해할 수 있는 것이다.

어떤 사람의 '현재의' 성격적 특성은 그 사람이 겪어온 삶의 과정과 떼려야 뗄 수 없다. 환경적 요인이든, 정서적 요인이든, 관계적 요인이든 살아오면서 어느 한 부분이 과하거나 결핍되거나 꼬여버리면, 그 부분이 도드라진 채 그 사람을 특징 짓는 성격적 특성으로 자리 잡기 때문이다.

이런 점을 감안할 때 우리는 어떤 사람의 특성화된 성격을 이해하려면, 즉 성격의 형성 과정을 알려면 '아주 오래전의' 그 사람을 알아야 할 필요가 있다.

이 책을 번역하면서 나에게 고착화된 '성격'은 어떤 것인지 파악함과 동시에 주변 사람들을 이해하는 데 도움이 될 만한 많은 정보를 얻었다.

독자들은 이 책을 통해 무의식적으로 행동하는 것 같지만 실은 잠재적으로 내재되어 있던 감정들이 표출된다는 사실과 왜 그렇게 행동하고 감정을 표출할 수밖에 없는 것인지에 대해서 알 수 있을 것이다.

그리고 이 과정을 통해 다양한 성격 유형들을 알아가면서 열이면 열, 모두 다른 사람들의 성격에 대해서도 관심을 가지게 될 것이다. 더 나아가 '저 사람의 성격은 정말 도저히 이해할 수가 없어.'라고 생각했던 사람의 성격까지도 이해하는 데 도움이 될 것이다.

결국 나와 다른 사람을 이해한다는 것은 궁극적으로 나를 이해한다는 것과 같은 이야기다. 이 책을 통해 다양한 성격 유형들을 살펴보면서 나의 성격은 어떤 유형에 속하는지, 그들은 나를 어떻게 보고 있는지, 성격적으로 다르다는 것이 정말 물과 기름처럼 어우러질 수 없다는 것을 의미하는지를 가늠해보자. '내가 바라보는 타인'과 '타인이 바라보는 나'에 대해 객관적인 눈을 갖게 될 것이다.

감정을 억제하거나, 심하게 자신의 감정을 통제하거나, 감정 통제가 불가능하거나 의존적이거나, 어떤 유형이 되었든 이 책에 나오는 모든 상황은 나 또는 내 주변 사람들이 겪고 있는 정신적인 문제다.

우리는 정상치를 기준으로 좀 덜하거나 좀 더한 사람들이다. 하지만 다행히 성격은 바뀔 수 있다. 우리는 자신에게 이익이 되는 성격적 특성은 향상시키고 별 도움이 되지 않는 성격적 특성은 약화시킬 수 있는 능력을 갖고 있다고 한다. 그러니 현재 자신의 성격적 특성을 제대로 알 필요가 있다.

이 책을 통해 자신이 어떤 유형에 속하는지 알면, 이제는 그다음 단계로 올라갈 차례다. 질기기로 따지면 세계 정상급이라는 '바꾸기 힘든 성격'을 더 나은 쪽으로 재탄생시킬 차례인 것이다.

마도경

사람의 성격은
어떻게 형성되는가?

당신은 본디 그런 성격으로 태어났는가(유전의 결과인가), 나이
를 먹으면서 저절로 조금씩 바뀌며 그런 성격이 되었는가? 아니
면 생일에 따라 정해지는 별자리별 성격이 당신의 성격인가? 아
니면 환생한 지금 성격이 전생前生의 것과 똑같다고 생각하는가?
그것도 아니면, 오로지 어린 시절에, 어른으로 성장하는 과정에
서 얻은 경험만을 바탕으로 형성되었다고 생각하는가?

　순전히 자라면서 얻은 경험에 의존해서만 성격이 형성되었다
면, 아마 유전자는 성격이 형성되는 과정에서 거의 또는 전혀 기
여한 바가 없었을 것이다. 하지만 그와 반대로 성격에 관련된 모

든 것들이 유전에 따랐을 뿐이라면, 성장하면서 부모와 형제, 선생님, 친구들과 겪은 경험과는 아무런 관계가 없었을 수도 있지 않을까?

아마도 정답은 '유전자와 유아기의 경험 및 초기의 가정생활에서 얻은 경험 전부가 현재 당신의 모습에 중요한 역할을 했을 가능성이 가장 크다.'일 것이다. 이 모든 것들이 어우러져 성격의 발전과 양상을 궁극적으로 결정하는 기본적인 씨앗이 된 것이다.

생물학적 사실과 문화, 무엇이 우위에 있는가?

'당신은 어떻게 현재의 성격을 가지게 되었는가, 즉 당신의 성격은 어떤 형성 과정을 거쳤는가?'라는 질문의 정답은 사실 상식적 이해의 범주에 속한다. 따라서 가장 많이 나올 법한 대답은 '첫째, 인간은 모두 타고난 특정한 유전적 성질 또는 성향에 따라 존재하고 행동한다. 둘째, 이와 더불어 우리가 성장하고 성숙해지는 과정에서 쌓이는 경험들이 매우 중요한 요소로 성격의 형성에 개입한다.'일 것이다. 따라서 두 대답 모두 옳다.

즉 우리는 특정 방식으로 살고 행동하고 싶어하는 유전적 성향을 타고났으며(일반적인 의미에서 그렇다는 것이겠지만), 더불어 어린 시절과 그 이후에 쌓은 경험들도 최종적으로 가지게 되는 성격 형성에 유전자보다 중요하지는 않을망정 적어도 동등한 역할을 했다고 볼 수 있다. '문화(경험)와 생물학적 지식(유전자) 가운데, 무엇이 성격에 더 큰 영향을 행사하는가?'라는 문제는 실질적으로는 '둘 중 하나가 나머지 하나를 누르고 승리하는 것이 과연 가능한가?'라는 문제로 봐야 할 것이다.

다시 말해 이것은 '성격의 형성 또는 발달 과정에서 생물학적 지식(유전학)이 승지했는가, 아니면 문화가 생물학적 지식을 꺾을 가능성이 있는가(경험이 주도권을 쥐고 있는가)?'라는 문제로 귀결된다. 즉 '환경적·사회적·문화적 요소가 생물학적 사실의 형성에 영향을 줄 수 있는가, 아니면 우리는 단지 유전자의 명령을 실행에 옮기는 로봇일 뿐인가?'라는 문제와 같다.

이 책에서 제시한 정답은 "그렇다. 우리는 유전으로 프로그램이 짜인 상태로 태어났다.""그렇다. 우리의 뇌는 유전자의 지시에 따라 특정 방식으로 생각하도록 구조화되어 있다.""그렇다. 우리에게는 본능이라는 것이 있다."이다. 그러나 한마디 덧붙이자면(덧붙이는 것치고는 매우 크고 중요한 개념이지만), 삶에서 겪은 경험들과 소중한 사람들과의 교류 역시 성격 형성에 매우 큰 영향을 끼친다. 그리고 가족, 또래들과의 상호작용, 학교나 직장생활, 놀이를 통해 사회가 우리에게 부과하는 요구를 파악할 뿐 아니라 그런 요구에 영향을 받는다. 또 성공과 실패에 대한 전체적인 영향의 맥락에서 생각하면, 당연히 우리가 성장 과정에서 어떤 보살핌을 받느냐에 의해서도 큰 영향을 받는다.

이렇게 문화적·환경적(생물학적 요인과 관계없는) 영향이 크고 중요하기 때문에, 우리를 만들 수도 있고 망칠 수도 있는 구체적인 요소들을 추적하거나 지도화하는 것이 가능해진다. 그리고 성격 형성에 가장 큰 영향을 끼칠 수 있는 것은 바로 경험이다. 이는 아마도(예상일 뿐이니 '아마도'가 필요하다) 문화의 승리를 의미하는 것이 아닐까?

'뼈에 붙은 살'
성격의 구성 요소

유전적이든 아니든, 좋든 나쁘든, 감정 표현을 잘하든 못하든, 한 인간의 전체적인 성향은 그 사람이 아주 어렸을 때부터 그의 가족이 정확히 알아보는 경우가 많다. 그들은 이렇게 말한다. "언제나 굉장히 활동적이었어. 절대로 낮잠을 안 잤어." "그 아이는 잘 안 웃고 늘 부끄러워했지." "어렸을 때부터 그 아이는 절대로 사람 눈을 똑바로 안 봤어."

일반적으로 자신의 행동 중 특정한 것이나 각자 특별히 선호하는 것 중 상당히 많은 것들은 아무리 긴 세월이 흘러도 많이 바뀌지 않는다. 사람의 취미·감각·재능·지적능력이 점진적으로 형성되는 것은 확실하지만, 이것들은 모두 사실상 '뼈에 붙은 살'에 불과하다. 다시 말해 핵심적인 유전적 성질, 즉 우리가 알몸으로 이 세상에 처음 나왔을 때 지녔던 기본적인 유전적 형태 주변에 일종의 사회화 과정을 통해 발전시킨 여러 자질들이 붙어 있는 형태다.

유아기 때부터 약간 내성적이고 까다로운 성미를 보였다가, 나중에 핵심적이고 기본적으로 중요한 심리적·유전적 성향을 수용하는 성격적 특징을 발전시키는 사람을 한 예로 꼽을 수 있다. 성격의 발달 과정에서 내성적이고 까다로운 성미를 가진 선천적인 성향 주변에 그것을 뒷받침하는 감정 및 성격적 특징이 형성되기 마련이다. 다시 말해 내성적인 성향을 타고난 사람은 그 내성적인 성향에 관련된 성격적 특성 및 감정들도 같이 발달시킬 가능성이 평균보다 높으며, 이런 감정들은 수줍음, 냉소적인 태도, 비관주의, 따지기 좋아하는 태도, 시무룩한 태도, 적대감 등을 말한다.

이와는 대조적으로 늘 웃고 다정한 성향을 타고난 사람은 다정함, 붙임성 있는 태도, 낙관주의, 협조적인 태도, 전체적으로 유쾌한 태도 등을 나타내는 특유의 감정들과 성격적 특성을 함께 발달시킬 가능성이 대단히 높다.

이제는 문화의 영향을 이야기할 차례다. 어떤 사람이 감정 표현을 억제하려는 성향이나 확연히 수줍어하는 기질 등을 타고났다고 하더라도 매우 너그럽고 감정적으로 남을 배려하는 환경 속에서 자라면, 감정의 억제 및 자연스러움을 회피하려는 유전적인 성향은 최소화하고, 사교성과 감정의 표현 욕구를 최대화하는 데 큰 진전을 이룰 수 있다.

일반적으로 문화의 힘은, 그 중에서도 특히 가정환경(당신이 자라온 과정)은 '당신은 궁극적으로 어떤 인간이 될 것인가?'라는 문제를 좌우하는 데 결정적이거나 큰 영향을 끼친다는 증거들이 많다. 이것은 개인의 궁극적인 성격이 형성되는 데 환경적인 영향이 매우 중요하다는 뜻이다. 그리고 그런 영향에는 가족, 또래, 선생님들의 영향도 포함된다. 또 여기에는 당신이 동질감을 느끼고, 나중에 그 사람처럼 되려는 소망을 가지는 인물을 찾는 중에 마음속에서 우상화된 여러 사람들도 포함된다.

유전적 자질에 이런 종류의 문화적 영향이 끼치는 현상을 과학 문헌에서는 '후성설(後成說, 생물의 발생은 점차적 분화에 의한다는 설-옮긴이)'로 설명한다. 곧 환경적 영향은 유전적 사실 또는 잠재력을 자극할 수도 있고 억제할 수도 있다는 것을 의미한다.

여기서 가장 중요한 점은 성격적 특징들은 경험에 의해 크게 영향을 받고, 그로 인해 발전한다는 사실이다. 하지만 어떤 사람에게 낯이 익거나 공감이 가는 경험은 그 사람이 타고난 감정적 속성, 즉 기질에 더 크게 부합하는 경험일 것이다. 반면에 어떤 사람이 처한 환경이 그의 타고난 기질(긍정적이든 부정적이든 관계없다)과 반대되는 행위와 감각을 높이 평가한다면, 그런 환경적 영향은 개별적인 기질과 반대되는 성향을 강화함으로써 최소화시킬 것이다. 그런 시나리오는 문화가 생물학, 즉 유전을 선별적이나마 누르고 승리한다는 상당히 중요한 현상을 입증하는 완벽한 사례다.

따라서 환경은 아주 어린 아이의 기본적인 감정적 성향을 바꾸고, 수정하고, 또는 약간 왜곡할 수 있으며, 잘하면 "성격 유형 또는 스타일이 진정한 의미에서 바뀌었다."라고 말할 수 있을 정도로 기본적인 감정적 경향이나 기질을 크게 바꿀 수도 있다.

이렇게 모든 사람들이 태어날 때 지니고 있는 유전적 프로그램은 그의 기본적인 기질상의 실루엣, 즉 성격의 골격이라고 정의할 수 있다. 반면에 우리에게 끊임없이 영향을 주는 환경적 경험들은 우리가 성장기를 통해 획득하는 기질적 양상, 즉 성격의 구성 요소인 셈이다. 흔히 말하는 뼈에 붙어 있는 고기, 즉 '살'은 바로 우리가 성격을 발달시키는 과정에서 획득하는 요소를 가리킨다.

여기서 중요한 것은 성격 시스템의 유연성이다. 즉 유전자가 그 사람의 최초 기질을 결정하지만, 그럼에도 불구하고 그 사람이 축적한 경험의 영향이 기질 전체를 장악한 다음 성격의 특정 성질을 강화하는 쪽으로 재구성하거나 반대로 격하시킬 수 있다.

따라서 타고난 기질은 실제로 더 좋아질 수도 있고 나빠질 수도 있으며, 그 사람이 유아기에 얻은 경험이 건전했는지 불건전했는지에 따라 변할 수 있다.

'사악한 유전자'라는 것이
정말 있을까?

　　　이로써 얻은 결론 중 하나는 태생적으로 사악한 사람은 있을 수 없다는 것이다. 어떤 사람의 행동에 구체적으로 '악'이 드러날 경우, 그것은 그에게 축적된 경험이 저지른 짓이다.

처음부터 사악한 유전자를 지니고 태어나는 사람은 없다. 사람이 사악한 것은 경험을 통해 사악해지는 법을 배웠거나 아예 방치되었기 때문이다. 양호한 수준의 육아 활동이 이루어지지 않으면, 아이는 대체로 도덕적인 부분에서 최저 공통분모의 수준으로 쇠락하고 온갖 비도덕적 영향에 속수무책으로 휘둘리고 만다.

따라서 궁극적으로 양육이 없고 배움도 이루어지지 않고, 심지어 치명적으로 사악한 환경에서 자란 사람이 발달시킬 수 있는 감정과 성격적 특징이 사악할 확률이 매우 높을 것이다. 이를테면 그런 사람은 지속적으로 행동화 행위들, 예를 들어 끊임없이 가벼운 말썽에 연루되다가 거짓말하기, 절도, 법 위반을 거쳐 폭행 및 전반적으로 심각한 비행을 저지를 것이며, 극단적으로는 사형에 처해질 중죄를 저지르는 지경까지 이를 수 있는 행위들에 지속적으로 관여할 것이다.

따라서 양육과 배움이 없는 환경에서 성장한 사람은 본능과 충동의 운명에 맡겨질 수밖에 없다. 그런 사람에게는 안 좋은 일들이 생길 수 있고, 또 반드시 생긴다. 이것은 유전자의 소행이 아니다. 유전자 속에는 나쁜 짓을 하라는 프로그램이 없다. 오히려 사람을 변화시키는 것은 유아기의 경험, 특히 부정적인 경험이다. 따라서 사악한 성질을 옮기는 유전자가 있는지의 문제로 고민한다면, 그런 것은 없으니 걱정하지 말라.

문화(환경적 영향)가 성격 발달에 엄청난 힘을 행사한다는 사실은 여러 연구들을 통해 증명되고 있다. 이는 유전학에 따른 기존 사실보다 훨씬 큰 힘으로 작용할 것이 분명하다. 그런 과학적 발견에 바탕을 둔 낙관적 태도가 팽배해 있긴 하지만, 환경적 영향력이 그렇게 강력하다는 개념에는 부정적인 측면도 있다. 그리고 그 부정적인 측면 때문에 우리는 또래들과의 관계와 그 관계의 설득력이 사람의 성격 발달에 끼치는 영향이라는 문제를 놓고 격론을 벌인다. 여기에서 문제는 바로 성격 발달이라는 문제와 관련해, 또래의 압력과 가족의 영향력 중에 무엇이 더 큰 설득력을 발휘하느냐는 것이다. 정답을 알려면 간단한 기준을 적용하기만 하면 되는데, 정확히는 다음과 같다.

1. 만약 가족이 대중문화의 악영향을 상쇄하기 위해 애쓴다면, 가족의 영향력은 또래의 압력보다 우위에 있을 것이다.

2. 만약 가족이 대중문화의 악영향을 상쇄하기 위해 애쓰지 않고 반대로 대중문화를 지원한다면, 또래의 압력이 가족의 영향력보다 훨씬 크게 작용할 것이다.

내적 통제의 중요성

건전한 발전이라는 측면에서 가장 유리한 프로그램은 가족이다. 우리가 충동 조절의 중요성을 배우는 것도 가족을 통해서다. 가정에서의 학습을 통해 충동을 내면화하고, 실제로 수용하며(받아들이며) 자제력을 키운다. 그렇게 하면 궁극적으로 우리에게는 교양 있게 행동하라고 잔소리할 사람이 필요 없어진다. 충동을 억제할 수 있고, 또 실제로 억제하고 있다는 것을 보여줌으로써 어른들의 영원한 감시·감독이 없어도 이런 일을 스스로 알아서 할 수 있다는 것을 보여줄 수 있다. 아무도 우리에게 무엇이 옳고 그른지 이야기할 필요가 없도록, 스스로 알아서 충분히 자주적이고 예의 바르게 행동할 수 있다.

따라서 사악한 유전자가 존재하느냐를 둘러싼 논쟁은 감정과 성격에 끼치는 환경적 영향이 매우 중요하다는 엄연한 사실 앞에서 무의미해질 수밖에 없다. 아울러 비유법을 쓰자면, 유전자는 우리에게 집 지을 도구를 제공한다. 하지만 이번에도 역시 그 도구로 지을 집의 종류를 결정하는 것, 그 집을 짓기 위해 어떤 도구를 사용할지 결정하는 것, 완성된 그 집이 어떤 모습일지, 그리고 그 집에 살면 얼마나 만족할지를 결정하는 것은 결국 그 환경에 대해 우리가 보유하고 있는 경험이다.

어떤 의미에서 보면 이것은 모두 우리가 긴장과 근심, 그리고 일반적으로 말하는 힘든 시기를 겪는 일 없이 그 집이 건축되는지, 예컨대 벽이 주저앉거나 집이 바스러지는 일 없이 잘 건축되는지의 문제로 귀결된다. 다른 말로 하면 환경적 영향과 인생 경험, 유아기의 삶이 양호했고 건전했다면, 그 사람은 큰 회복력을 지닌 성격이 발달한다는 것이다. 즉 그런 사람은 이제 자신의 성격 안에 존재하는 충동들과 이미 내면화한 자제력을 정확하게 균형 잡힌 상태로 관리할 수 있다. 물론 이 경우에는 자제력이 충동을 꺾고 승리할 수 있다.

또한 충동을 억제할 수 있는 수단을 충분히 보유하는 것은 성공적인 삶을 사는 데 매우 중요하다. 따라서 충동을 건전한 방식으로 조절하는 능력이 있다면, 그 사람은 더 원활한 삶을 살 수 있도록 최적화된 셈이다. 그런 조절 능력 덕분에 사람은 주변 환경에서 우리에게 끊임없이 (어떤 때는 무자비할 정도로) 강요되는 많은 요구를 감당할 수 있다. 그리고 환경적 요구를 융통성을 발휘해 성공적으로 처리하는 능력은 유아기 경험의 중요성을 입증하는 확실한 증거다. 훌륭한 유아기를 보내면 성격에 흔히 회복력이라는 '좋은 충격 흡수장치'가 생기는 셈이다.

여기에는 더 좋은 소식도 있다. 기다리는 법(인내심을 갖는 것), 항상 순간의 만족을 위해 고집 피우지 않는 법을 제일 중요한 덕목으로 삼아 삶에서 자기의 관심을 끌고 성취감을 주는 소중한 활동에 대한 유아기의 가르침과 이것들에 바탕을 둔 억제 수단을 내재화하는 것이다. 그러면 우리는 중요한 1차적 관계를 유지할 수 있고, 가정을 꾸려가고 생계를 유지할 수 있으며, 중요한 일 또는 목표가 아무리 많더라도 전부 달성할 수 있을 것이다.

하지만 여기에도 문제가 있다. 억제 수단들을 성공적으로 내재화하지 못한 사람은 어떻게 될까? 성격 안에서 요소들의 균형(충동보다 억제력이 우위에 있는 것이 바람직하다)이 잘 잡혀 있지 않은 경우, 그 사람은 '행동화'에 의한 행위를 저지르기 쉬워진다. 즉 고삐가 풀리고 전혀 통제가 안 되는 행동 패턴으로 곤경에 처할 수밖에 없다. 성격 안에서 '요소들의 균형'이 중요하다는 것을 강조하는 것이 이 책의 집필 목적이기도 하다.

이 책을 쓴
목적

이 책에서는 충동과 억제 수단이 어떤 방식으로 작용하는지, 충동과 억제 수단의 문제와 관련해 성격적 특징이 어떻게 발달하는지, 감정은 성격적 특징과 어떻게 관련되어 있는지, 특히 성격은 어떤 과정을 거쳐 형성되는지를 규명한다. 우리는 성격의 기본 골조(뼈대, 즉 유전적 기질)를 감싸고 있는 물질(근육, 즉 성격적 속성)이 무엇으로 구성되어 있는지 파악할 것이다. 바로 이 성격의 뼈대 위에 성격의 모든 요소들이 들러붙어 있다. 유전적 사실에 문화가 어떤 '옷'을 입고 있는지 아는 것이 핵심이다.

여기서 문제는 이런 뼈대에 들러붙어 있는 것, 즉 이것을 고수하고 있는 것이 성격의 어떤 요소들인지에 대한 것이다. 성격의 뼈대 또는 골격을 굳게 유지하고 변하지 않게 해, 모든 사람들이 지금의 당신이 진짜 당신의 모습이라고 이구동성으로 말하게 만드는 메커니즘은 사실 전체적인 성격에 관여하고 있는 매우 다양한 요소들로 구성되어 있다.

이런 요소들의 집합체가 '당신(성격에 들러붙어 있거나 성격을 덮고 있는 감정적·심리적 피부와 근육)'이라는 인식 가능한 존재를 구성하고 있고, 이것이 곧 성격의 청사진, 틀 또는 골격을 덮고 있다. 인식 가능한 '당신'에게는 전형적인 감정의 표현 능력, 기질,

사고 스타일, 성격적 특징들의 모습, 충동과 억제의 균형 잡기, 근심을 관리하는 데 도움이 되는 각종 방어기제들, 감정의 표현 시스템, 그 외에 감정의 모든 측면을 구성하는 무수히 많은 요소들이 포함되어 있다.

우리가 이 책에서 할 일은 성격의 형성 과정을 알 수 있도록 성격의 상세한 내용과 구조를 보여주는 것이다. 성격 형성과 특정 상태가 당신에게 절대적으로 인식 가능한 요소로 어떻게 구축되고 지원과 관심을 끌었는지 쉽게 알 수 있도록 요소별로 자료를 일일이 제시할 것이다. 그리고 이 모든 현상들을 나중에 조립해 성격들이 어떻게 서로 연결되며 궁극적으로 성격을 어떻게 공고히 하는지 보여줄 것이다. 성격의 형성 과정에 대해 이 책이 제시한 약속은 모든 성격의 요소들이 퍼즐처럼 끼워 맞춰질 때 명확해진다. 명확한 그림이 되고 나면 여러분들도 자신의 성격이 형성되는 과정이 충실히 반영된 모습을 만나게 될 것이다.

1부의
구성 방식

1부 '성격의 구조'에서는 성격이 어떤 구조를 취하고 있는지, 다시 말하면 성격의 지지支持 구조물인 골격을 둘러싸고 있는 요소들이 무엇인지, 어떻게 구성되어 있고 그것을 뭐라고 불러야 하는지를 규명한다.

　성격의 다양한 측면을 분석한 설명이 담겨 있는데, 여기서 말하는 성격의 측면 또는 양상은 다음과 같다. 사람이 품는 소망의 본질, 심리적·감정적 증상들의 출현, 기억이 성격의 발달 과정에서 차지하는 역할, 성격 발달에 따른 다양한 문제점들과 관련해 '행동화'의 본질과 중요성에 대한 분석, 충동과 억제의 관계라는 매우 중요한 문제에 대한 분석, 성격의 방어기제들에 대한 분석과 정의 등이다.

　근심의 작용과 그것이 성격 안에서 수행하는 근본적인 역할이라는 측면에서 볼 때, 근심이 성격의 모든 양상에서 얼마나 중요한지를 비롯해 성격에 끼치는 영향을 다각도에서 논의한다. 물론 이런 발달 과정에서 다른 사람들과 동일시하는 것도 매우 중요하다. 이 모든 것들이 어떻게 작용하느냐 하는 문제에는 '이 모든 요소들, 즉 왜 지금처럼 행동하는지를 포함해 행동의 동기가 되는 모든 성격들을 어떻게 파악해야 하는가?' 하는 문제가 포함되어 있다. 이 말은 궁극적으로 아주 어렸을 때부터 우리의 성격을 활성화시킨 것이 무엇인지, 살면서 우리 모두에게 필요한 것이 무엇인지를 묻게 되리라는 것을 뜻한다.

　기억력의 문제를 들여다본 다음, 성격 안에서 이루어지는 역학적 상호작용으로 문제를 마무리 지을 것이다. 오솔길을 따라가는 것처럼 상호작용을 따라가면, 성격이 어떻게 작용하는지와 관련해 성격의 구조를 둘러싼 전체적인 상호작용을 이해할 수 있다.

여기서 한 가지 명심할 것은 성격은 일관성이 있으며 예측 가능하다는 것이다. 우리 각자 기본이 되는 뼈대, 이른바 차체(기본적인 환경 설정 또는 골격)로 구성된 개인적인 특징을 갖고 있다는 사실은 명백하다. 그 차체는 다시 감정, 성격적 특성, 충동과 억제, 근심의 작동, 소망 시스템, 방어 시스템, 그리고 정신(마음) 속의 역학관계 등으로 장식되어 있다. 그리고 정신의 역학 관계 덕분에 심리적·감정적 증상들이 존재할 수 있는데, 다행스럽게도 성격 시스템은 성격 문제들의 해결을 가능하게 하는 적응 능력이 있다.

따라서 이 모든 문제들을 다루고 있는 1부에서는 성격이 특정한 테마 주변에 어떻게 형성되고, 또 이와 같이 다양한 성격의 양상들이 어떻게 짜맞추어지는지를 잘 이해할 수 있다.

2부의
구성 방식

2부 '기본적인 성격 스타일'은 12개의 장으로 구성되어 있으며, 각 장의 서두에 '개요'가 제시되어 있다. 이 개요에는

12개의 기본적인 성격 유형, 즉 스타일이 간략한 정의와 함께 열거되어 있다.

　12개의 기본적인 유형들은 4개의 카테고리로 나누어져 있다. 4개의 카테고리는 사람이 압박감과 같은 괴로운 감정을 관리하는 방식을 기준으로 나뉜다. 따라서 괴로운 감정을 관리하는 방식을 알면, 우리가 겪는 충동을 기존에 지니고 있던 억제력을 동원해 얼마나 유능하게 균형을 잡는지에 대한 예리한 통찰력을 얻을 수 있다.

　예를 들어 첫 번째 카테고리인 '감정 억제형 스타일'에는 본질적으로 감정을 억제하려는 욕구가 지배하는 스타일들이 포함된다. 두 번째 카테고리는 '감정 통제 불능형 스타일'로 감정을 억제하는 상황을 회피하려는 욕구가 반영되어 있다. 다시 말해 이런 스타일은 감정을 나타낼 필요, 즉 감정의 표출을 허용할 필요가 있다. 세 번째 카테고리는 '감정 애착형 스타일'로, 여기에 포함된 스타일들은 기본적으로 의존적이고 애착형이어서, 여기에 속한 사람들의 주요 목표는 자신이 의존할 사람을 찾는 능력을 키우는 것이다. 마지막 카테고리는 '감정 분리형 스타일'로 감정의 강도에 유난히 알레르기적 반응을 보이는 유형들, 감정이 타인과 밀착되는 것을 회피하는 사람들이 속한다. 이런 사람들은 다른 사람과 어울리면서 감정적으로 반응을 보이는 것이 필요한 때를 정말로 못 견뎌하고 원하지 않는다.

12개의 기본적인 성격 스타일에는 각각 사람의 성격적 특징, 그 성격의 일관된 현상으로 보일 수 있는 특징들이 반영되어 있다. 아울러 12개 성격 스타일마다 개별적으로 제시된 분석 결과를 설명하고, 자세한 설명 뒤에는 해당 성격 스타일의 보다 양호한 형태(여기에서는 '더 정상에 가까운 스타일'이라는 부제로 제시되어 있다)에 대한 설명이 있으므로, 각 성격의 전형적인 스타일과 그것보다 정도가 덜 심하고 더 정상에 가까운 경우의 차이를 알 수 있는 보너스 같은 기회를 누릴 수 있다. 따라서 본문을 꼼꼼하게 읽으면 사람의 성격이 형성되는 과정을 더욱 잘 이해하고, 각각의 성격 스타일들에서 친숙하게 생각되는 부분을 어디서 찾을 수 있는지도 알 수 있을 것이다.

　마지막 장에서는 사람들의 증상을 진단하고 설명한다. 우리가 잘 쓰는 '신경 쇠약'이라는 말이 무엇을 의미하는지 명확하게 규명하는 데 중요한 역할을 한 성격 스타일과 기타 혼합형 성격 스타일들이 나열되어 있다.

성격의 골격과
기본적인 성격 스타일들의 형태

성격의 구조는 뇌의 구조와 많이 닮았다. 우리가 주변에서 흔히 듣고, 자주 입에 올리는 말 중에 "우리의 뇌 구조가 그러한데 어쩌겠나."라는 말이 있다. 이 말은 인간이라는 종의 특성상(우리의 틀에 박힌 사고 및 행동 방식 때문에) 우리가 늘 하는 특정한 행동들이 정해져 있다는 뜻이다. 이런 행동이나 태도는 절대로 후천적 학습의 결과일 수 없다는 것을 증명하듯이 무의식적으로 이루어진다. 따라서 어떤 사람의 성격이 고착화되었다고 하면, 그것은 그런 성격 유형의 윤곽·구조·기본적 본성 등이 거의 영구적으로 고착화되어 있으며, 따라서 그의 성격 구조는 앞으로도 그다지 크게 변화하지 않을 것임을 뜻한다. 대부분의 사람들이 이런 상태다.

그러나 우리는 사람마다 성격(상황과 조건에 처했을 때 반응하는 방식 또는 당시 누구와 함께 있었는가에 따라 반응하는 방식)이 다르다는 것도 알고 있다. 그렇다. 우리는 자신이 알고 있는 지식을 활용해서 상황의 필요성에 맞춰 행동을 수정하지만, 성격 자체는 상당히 일관성을 보인다.

그렇다고 모든 인간이 다중인격자라는 말은 아니다. 단지 모든 사람들이 상황에 반응하는 방식(성격)은 일시적으로 자기 마음이 편해지는 방향으로 언제든지 바뀔 수 있을 만큼 유연하다는 뜻이다. 사람은 자신이 처해 있는 환경적 조건을 우호적이고 친숙하고 능히 받아들일 만하다고 보는지, 아니면 자신에게 불리하고 낯설고 위협적으로 보이는지에 따라 행동을 결정한다.

그래도 나를 아는 사람들은 세월이 흐르면서 각종 사건에 대한 나의 반응을 예측할 수 있다는 면에서 세월의 흐름과 함께 나를 더 잘 이해하게 된다. 우리는 우리에게 영향을 주는 온갖 조건들을 근거로 해 본인의 행동 방식을 조정할 수 있지만, 다른 사람들의 그런 예측은 그들이 아는 우리의 개인적 특성(이런 특성들과 이것의 바탕에 깔린 감정은 세월이 흘러도 변하지 않는다는 것)에 바탕을 두고 있다.

물론 현대의 심리적 치료법 덕분에 일단 고착화된 특성들도 얼마든지 조작되거나 변할 수 있다. 그런 변화는 현재의 내가 어떤 사람인가에 대한 고정관념(나를 아는 다른 사람들이 반드시 인식할 수 있는 견해)이 바뀌는 것부터 시작된다. 그리고 과거의 내 모습에 변화가 생기는 것은 오로지 현재의 내 모습에 대한 일관된 견해 때문이다.

　　우리는 이것이 '예전의 내 모습이 어떠했는가?'라는 문제일 뿐이며 '내가 어떤 과정을 거쳐 현재에 이르렀는가?'라는 문제와는 다르다는 것을 안다. 어쨌든 성격 면에서 변화가 일어나려면 근심과 감정적 동요로 자신이 영향을 받는 정도나 대처하는 방식에 반드시 변화가 있어야 한다.

　　사람은 20대(성격이 성숙해지고 형식과 내용 면에서 큰 변화들을 수용한 시기, 성격이 어느 정도 완성되었다고 볼 수 있는 시기)가 되면, 소수지만 기본적인 몇 가지의 성격 유형을 지닌 것으로 파악되며, 실제로 그에 따라 분류할 수 있다. 하지만 이 과정에서도 대부분의 사람들은 몇 가지의 기본적인 유형들에 부분적으로 포함된 여러 성격을 보여줌으로써 사람마다 정도의 차이를 다양하게 드러낸다.

　　앞에서도 언급했듯이 그런 유형들이 많지는 않으며, 기본적인 성격 스타일은 다음과 같이 크게 4개의 카테고리로 나뉜다.

성격의 제1카테고리:
감정 억제형 스타일

자기 감정을 억제하는 데서 본인의 가치관과 태도가 잘 나타나는 성격 유형이다. 이런 유형의 사람은 감정에 대한 엄격한 통제를 중요시하며, 감정의 억제가 그에게는 진정한 행동의 동기, 즉 본질이다. 그리고 각 감정 억제형 스타일의 성격적 특징은 이것을 중심으로 일관성을 유지한다. 구체적으로는 강박신경증 스타일, 편집성 스타일, 그리고 정신분열성 스타일 등이 여기에 속한다.

강박신경증 스타일

한마디로 질서정연한 상태와 규칙·규정을 대단히 중시하는 사람이라고 정의할 수 있다. 더 구체적으로 설명하면, 완벽주의자이며 지나칠 정도로 양심적이다. 그리고 대체로 엄격하고 완고하며, 모든 것을 자기가 통제하고 싶어한다. 이것이 바로 '감정의 억제'다. 이런 사람들은 특정 사물에 생각을 반복적으로 고정시키며, 우리가 흔히 "어떤 사람이 강박관념에 사로잡혀 있다." "어떤 사람이 심사숙고하고 있다."라고 말할 때의 그 사람이 바로 이 유형에 속한다. '강박적'이라는 말은 그 사람이 어떤 것에 집착하고 있고, 어떤 것을 반드시 해야 하는 절박한 필요성을 가리킨다.

따라서 강박관념은 생각을 나타내며, 강박신경증은 행위를 나타낸다.

편집성 스타일

이 유형의 사람이 지닌 특징은 불신과 의심이다. 그러나 어떤 사람이 이 유형에 속한다는 것을 알 수 있는 핵심적인 자질이자 기본적인 특징은 바로 매사에 '비판적인' 성향이다. 어떤 것이라도 자기에게 익숙하지 않으면 비판하고, 마음속에 받아들이는 것을 지극히 어려워하는 사람들이 이 유형에 속한다. 이런 사람들은 새로운 것을 쉽게 시작하지 못하고, 새로운 인간관계를 맺지 못하며, 심지어 판에 박은 듯한 자신의 일상도 바꾸지 못한다. 이런 사람들이 비판적인 태도를 유지하는 가장 큰 동기와 그것의 결과는 바로 감정을 보호하는 것, 즉 '억제·통제'다. 이들에게 만트라(기도나 명상을 할 때 외는 주문-옮긴이)는 "조심, 조심, 또 조심." 인데, 이것은 본질적으로 그 사람들이 무엇이든 새로운 것을 '받아들이는 것'을 매우 부적절하게 우려한다는 것을 보여준다.

정신분열성 스타일

이 유형의 사람은 '감정 통제'의 필요성을 감정 표현의 억제를 통해 현실화한다. 따라서 이들은 매사에 단호한 감정적 반응을 보이며, 사회적 상호 관계(개인 또는 집단 간에 발생하는 모든 종류의 상호 관계, 특히 사회·문화적 활동에서의 상호 영향-옮긴이)가 크게 필요하지 않는 활동에 참여하는 경향이 있다. 이런 사람은 감정적으로 무심하지만, 그럼에도 불구하고 감정에서 김을 빼는 목적이 그것을 억제하기 위함이기 때문에 감정 억제형 스타일의 대표자로도 손색이 없다. 사회적 '고립'의 질이 여기서는 핵심 개념이다. '내성적'이라는 성격적 특성은 고립된 성격 스타일 중 부정적인 면이 가장 적은 자질을 나타내는 반면, '내향적인' '거리를 두는' '냉담한' 같은 말에는 그 성격이 사회적 측면에서 봤을 때 병적인 차원의 문제가 있다는 뜻이 내포되어 있다.

성격의 제2카테고리:
감정 통제 불능형 스타일

이 성격 유형은 감정이 억제되지 않도록 하는 것을 중요하게 생각하고, 그런 태도를 유지하는 유형으로 감정 억제형 스타일과 정반대인 유형이다. 이 유형에 속하는 사람들의 목적은 감정을 통제 불능 상태, 즉 감정이 통제를 이겨내는 상태를 계속 유지하는 것이다. 따라서 이 사람들은 주변에서 끊임없이 자극과 흥분을 창출하는 상황에 관심을 느끼고, 또 그런 상황을 지속적으로 조성하는 경향을 보인다. 이런 식으로 살게 되면 본인들을 불안하게 하는 따분하고 정적인 상태를 피할 수 있다. 이런 감정 통제 불능형 스타일에는 히스테리성 스타일, 자기애적 스타일, 그리고 사이코패스 스타일 등이 있다.

히스테리성 스타일

남의 관심을 끌어야 할 필요성이 인생을 지배한다. 이런 유형의 사람은 대체로 드라마틱한 상황에서 관심의 중심에 서야 한다. 또 매력적인 인물이 되고자 하는 본인의 행동 동기가 잘 드러날 수 있는 환경을 찾아다닌다. 그런데 이런 성격의 핵심에는 고도의 '피암시성被暗示性'이 자리 잡고 있다. 이런 성격은 쉽게 최면에 걸리며, 또 이런 유형의 사람은 주변 사람들의 예상대로 쉽게 사랑에 빠지는 타입이기도 하다. 피암시성의 특성 때문에, 이 히스테리성(또는 히스테릭) 성격은 자신의 열망에 들어맞지 않는 모든 정보를 부정해야 할 필요가 있다. 단 그런 부정의 방어기제에는 자신이 원하는 것을 불러오거나 선별적으로 받아들이고, 동시에 자신이 원하거나 열망하는 것에 모순되거나 그것이 좋지 않다는 것을 증명하는 어떤 정보도 배제하는 일반적인 전략이 담겨 있어야 한다는 조건이 붙어 있다.

자기애적 스타일

극단적인 자기애적 성격은 끊임없이 주위 사람들이 자신에게 관심과 경애심을 표시하도록 요구한다. 이런 유형은 본인의 '특권 의식'을 당연한 사실로 받아들이며, 특권 의식이 부정되면 과잉 반응을 보이는 식으로 판단 착오를 드러내기도 한다. 과잉의 권리 의식에 따른 판단 착오는 상당히 곤란한 상황을 초래할 수 있으며, 본인에게 끊임없이 어려움을 안겨줄 수 있다. 그런 부실한 판단력 때문에 앞으로도 계속 바람직스럽지 못한 사건들이 발생할 가능성이 농후하기 때문이다. 그리고 이런 단점 외에, 주변 상황이 자신에게 유리하다고 판단되면 남을 이용하는 것도 서슴지 않는 경향이 있다. 또한 대체로 거만하며 남들과 공감하는 능력이 결여된 경우가 많은데, 감정을 자유롭게 표현할 기회를 잡아야 한다는 자신의 최고 목표가 달성 가능하다고 판단되는 경우에는 더욱 그렇다. 이런 자기애적 유형의 사람은 모든 관심을 오로지 '자아'에게 쏟는다. 이들에게 주변에서 경애심을 얻고 남들보다 유리한 위치에 오르는 것보다 더 중요한 가치는 없다.

사이코패스 스타일

이런 유형의 사람은 '반사회적 인격 장애자'라고도 불린다. 이 유형의 특징은 '경계선에 대한 존중심이 뚜렷하게 결여되어 있는 것'이다. 나와 나 이외의 모든 것을 나누는 경계선에 대한 이 같은 무관심은 흔히 나태한 태도(직무 불이행)로 이어지는데, 이것은 전체적인 행동을 통해 드러나기도 하지만 남들을 무시하는 매우 다양한 종류의 행위들을 통해서도 그 징후를 읽을 수 있다. 그런 사람은 지독하게 무책임하고 거짓말을 잘하며, 남을 잘 속이려고 한다. 그러지 않으면 감정의 화끈한 배출을 보장해주는 사기 행위에 열중한다. 이런 사람은 '정지해 있지 않으려는' 방법으로 자극을 끊임없이 만들어야 한다. 아마 이런 사람이 조용히 있는다는 것은 도저히 견딜 수 없는 고통일 것이다. 이론적으로 볼 때 그 사람의 정신생활에 사색의 풍요로움이라는 개념은 없을 것이기 때문이다. 이 사람의 머리에는 삶에서 남보다 유리한 위치를 점하고 우위를 차지하는 방법이 무엇인지에 대한 생각 외에는 아무것도 없다. 그리고 그 방식은 지름길을 택하더라도, 자신이 소망하는 것을 얻는다는 목표에 부합하는 한 무엇이든 상관없다.

성격의 제3카테고리:
감정 애착형 스타일

이런 유형의 사람들은 부모 또는 권위 있는 사람들에게 지속적으로 많은 영향을 받는다. 감정의 표출과 관련된 긴장은 그 중요한 인물들과의 소속감에 의해 관리되기 때문에, 자신이 의존하는 인물들에게 느끼는 친밀성을 통해 안도감을 얻는다.

이런 점에서 볼 때 불화와 분노는 많지 않으며, 독립적인 사고로 치부될 수 있는 의사결정 행위 역시 기피된다. 감정적으로 집착하는 스타일 또는 의존적인 스타일, 수동적 공격성 스타일, 그리고 불충분한 스타일 등이 여기에 속한다.

의존적인 스타일

이런 유형의 사람은 자신을 돌봐주는 사람에게 정서적으로 결속된 상태를 유지하는 것이 인생에서 부딪히는 도전들에 대처하는 바람직한 방법이다. 결속력이 보장되는 한, 의존적인 사람은 감정에 과도하게 휩싸이는 상황에 대해 크게 걱정하지 않는다. 그리고 그 사람에게 감정에 휩싸이는 상황은 의존할 사람이 없는 상황과 같기 때문에 매우 중요한 사항이다. 타인에 대한 의존의 측면에서 보면 이 유형의 사람은 목표 달성을 위해 행동을 개시하는 대신, 흔히 뜬구름 잡는 식의 소망에 의지해 만족감을 얻으려고 한다. 그런 식으로 '소망'과 '현실'을 동일시하고, 그 소망을 통해 성취의 희열을 자주 경험한다. 이 모든 것들은 남의 배려를 받아야 하는 필요성 때문에 그런 아량을 베푸는 사람과 떨어지는 상황이나 그와 비슷한 어떤 상황에 고도로 민감해진다는 사실을 암시한다. 이것이 바로 복종하는 행동을 잘 취하는 사람들의 성격 유형인데, 이런 유형은 기본적으로 자신이 의존해야 할 다른 사람과 가급적 최선의 관계를 유지해야 하는 절박한 필요성 때문에 타인들과 의견이 다른 상황을 몹시 불편해하는 경우가 흔하다.

수동적 공격성 스타일

이런 유형의 사람은 부모나 다른 권위 있는 사람에 대한 애착을 늘 필요로 한다. 하지만 흔히 의존성이나 애착의 필요성을 둘러싼 불평이나 분노를 수반하는 일종의 '권력 투쟁'에 자주 휘말린다. 이들이 감정(특히 분노)을 관리하는 방법은 다음 3가지 중 하나의 형태로 나타난다. 수동적인 입장, 공격적인 입장, 그리고 절대적으로 의존적인 입장이다.

수동적인 입장을 취하는 경우, 분노는 지체하거나 꾸물거리는 태도를 통해 표출된다. 다시 말해 이런 사람은 꾸물거리는 반응을 통해 적대감을 표출한다. 공격적인 입장을 취하는 경우, 분노는 절묘한 선공과 함께 표출되어 약간 거만한 태도로 나타난다. 절대적으로 의존적인 태도를 보이는 경우, 분노는 싫증 또는 짜증이 날 정도로 과도한 의존을 통해 표출된다.

수동적 공격성 스타일의 사람들이 기본적으로 쓰는 전략은 이른바 '자동적 무의식적 행동방식'이라는 것인데, 이 방식으로 적대감을 표시할 뿐 아니라 상대방도 나의 적대감을 감지하도록 만든다. 사실 상대방의 감지가 이 사람에게는 더욱 중요할지도 모른다.

이 유형의 사람들은 외면적 순수성 때문에 보통 타인들에 대한 애착은 별 문제 없이 유지된다. 그것은 수동적 공격성 반응들이 겉보기에 고의성도 없고 해를 끼치려는 뜻도 없었다는 가정을 바탕에 깔고 있기 때문이다.

불충분한 스타일

이런 유형의 사람은 처음부터 끝까지, 부모로 대표되는 권위를 가진 인물에게서 완전한 지원이 오기를 갈망한다. 철저한 과소 반응under-responding으로 감정을 조절하는 유형의 사람이 여기에 속한다.

과소 반응은 이런 사람이 결정적인 감정적 반응의 표출을 최대한 억제하는 방법으로, 더 결정적인 감정적 표현이 없을 때 더큰 안도감을 느낀다. 과소 반응은 그 사람이 단순한 일상에서 부딪히는 일, 즉 그 사람의 삶이 이루어지는 모든 영역에서 드러나는 사소한 일에도 적용된다. 따라서 이런 유형의 사람에게는 돌봐주는 사람 또는 도움을 주는 사람의 끊임없는 지원이 필요하다. 안전의 개념은 그의 삶에서 핵심적인 요소다. 이런 사람이 맡은 일의 성과나 달성한 자격 요건은 거의 언제나 평균 이하를 벗어나지 못한다.

성격의 제4카테고리:
감정 분리형 스타일

타인들과 복잡한 관계로 얽히는 사태를 최대한 피함으로써 자기 감정을 관리하는 사람 또는 타인들에게 지나친 친밀감을 느끼면 엉뚱한 행동을 일삼는 사람들을 가리킨다. 이런 사람은 사회생활을 하는 데 느끼는 불안 때문에 자기 개성이 산산이 부서질 수 있고, 실제로 부서진다고 느껴지는 상황에 처하면 과도하게 긴장한다. 이런 스타일의 사람들이 겪는 사교생활은 궁극적으로 사회적 고립이라는 결과를 낳는다. 고립될수록 정서적 친밀감에 대한 두려움은 최소화되며, 그 사람은 더욱 안심한다. 경계선 스타일(감정적으로 무심한 스타일), 우울성 스타일, 그리고 회피성 스타일이 여기에 속한다.

경계선 스타일

이런 유형의 사람은 긴장과 감정을 인간관계를 제한하는 방식으로 관리한다. 어떤 친밀감이 생기는 것도 엉뚱하거나 폭발적인 반응으로 억제한다. '인간관계의 불안정성'은 충동성·무모함·과민성이라는 특징으로 나타난다. 과민성은 특히 인간관계에 얽힌 사건에 대한 강한 민감성과 관련되어 있다. 즉 경계선 인격의 소유자는 갑작스럽게 분노를 분출하는 일 없이 지속적인 관계를 유지하고 견디는 것이 거의 불가능하다고 생각한다. 이것이 이른바 '얇은 자극장벽刺戟障壁'이라는 개념이다. 그들은 조금만 불안정해도 지나칠 정도로 민감하게 반응한다.

우울성 스타일

오래 지속되긴 하지만 정신병적으로 우울한 기분을 갖고 있지 않은 사람을 가리킨다. 이런 사람들에게는 자부심이 한풀 꺾인 듯한 태도가 보편적이다. 매우 불안정하고, 늘 자아도취의 상태에 빠져 있으며, 자기 방어적 성향이 강하다. 부상당한 동물을 보면 가슴 아파하는 경우처럼, 이 유형의 사람은 동정의 대상에게 과도하게 동질감을 느낀다. 하지만 사적인 관계에서는 상대에 대해 관심을 표시하는 경우가 없다. 스스로 남들을 배려하는 관대한 사람이라고 생각할지 모르지만, 결론적으로 이런 사람은 거의 전적으로 사적인 긴장에만 열중할 뿐 진정 남들이 필요로 하는 것에는 결코 관심을 갖지 않는다는 연구 결과가 있다.

하지만 남이 이런 점을 지적하거나 특별한 상황이 생긴 경우에 놀랍게도 자신의 행동을 수정해 남들을 챙기기도 한다. 이 같은 갑작스러운 태도 변화는 대체로 있을 수 있는 거부 반응을 세심하게 고려한 전략이라고 봐야 할 것이다.

회피성 스타일

인간관계에서 속마음을 잘 드러내지 않음으로써 자기 감정을 관리하는 유형이다. 회피성 행동은 대체로 지나친 자신감의 결여 때문에 생긴다. 대중문화에서는 이것을 '열등의식'이라고 부른다. 이 유형의 사람은 타인에게 비난을 받을지도 모른다는 잠재적이고 강력한 두려움을 달고 산다. 사교상 긴장에 시달리다 보면, 유난히 책임 회피성 성향을 띠고 끊임없이 자기 확신의 증거를 갈구하는 데만 관심을 쏟는다. 이런 사람들은 이 같은 습관적 회피성 행동 때문에 평범하고 일상적인 사교 경험에 충분히 노출될 수 있는 기회를 점점 상실한다. 그래서 실제로 사회적 환경에 참여할 기회가 주어져도 그런 행사는 마냥 어색하게 느낄 것이며, 본인도 대체로 두려워하거나 짜증을 낼 것이다. 그들은 그런 상황 자체를 피하고 싶어하며, 어쩌다가 그런 환경 속으로 들어가더라도 바로 거기서 벗어나려고 한다.

성격을 구성하는
핵심 구조 만들기

지금까지 소개한 성격 스타일들은 대체로 감정을 발산하고 표현하는 구체적인 방식에 따른 기본적 성격 형태를 망라한 것이다. 이 스타일들은 감정을 억제하거나 감정이 억제되는 경우가 없도록 하기 위해(감정을 통제 불능 상태로 하기 위해), 또는 감정적으로 일체감을 유지하거나(의존적인 경우처럼), 반대로 감정적으로 무심한 상태로 남기 위해(분리된 경우, 즉 민감하고 취약하고 내성적인 경우처럼) 생겨났다. 이런 스타일들은 성격 발달 단계상 초기에 정확하게 들어맞으며, 성격의 골격을 이루는 '고정된 배선'으로 볼 수 있다. 일단 스타일이 확실히 자리 잡히면 더욱 뚜렷해져서, 스타일 또는 형태는 쉽게 인식되고 좀처럼 변하지 않으며 기본 골격인 성격을 구성하는 핵심 구조가 된다.

이 12개의 기본 스타일은 6장에서 17장까지 이어지는 2부에서 자세하게 설명되어 있으므로, 각 성격 스타일의 고유색을 더 잘 파악할 수 있을 것이다. 기본적인 성격 스타일들은 감정 억제형 스타일, 감정 통제 불능형 스타일, 감정 애착형 스타일, 그리고 감정 분리형 스타일 같은 명칭에서 알 수 있듯이 '감정의 문제를 어떻게 처리하는가?'라는 관점에서 설명되어 있다.

아울러 여기서 설명한 성격 스타일들은 정신의학적 측면에서 규정한 스타일이라는 점도 주목할 필요가 있다. 다시 말해 개인이 긴장과 근심을 관리하는 방식에 중점을 둔다는 뜻이다. 그리고 그러한 정신의학적 렌즈를 통해 보면, 그 사람이 가지고 있는 이른바 '문제점들'과 관련이 깊다는 것도 분명해진다.

이렇게 성격 형성과 성격 발달상의 효과에 관한 정신의학적

편견이 있기 때문에, 2부에서는 각 성격 스타일에 관한 설명은 그런 사람이 정신병적인 진단을 받으면서 성격적 정체성에 대한 특정 정신의학적 기반이 있음에도 불구하고 여전히 더욱 정상에 가까운 행동을 반영하는지가 설명되어 있다. 다시 말해 정신병이라는 진단은 여전히 유효하지만, 기본적으로 매우 정상에 가까운 사람도 있음을 보여주는 것이다.

하지만 이 단계에서 먼저 우리는 '성격의 구조 만들기'를 시작할 것이다. 여기에는 성격 발달에 다음과 같은 중요한 문제들이 포함되어 있다. '기억하기'라고 할 때의 기억력, 사람이 지니고 있는 '소망'이 행동에 끼치는 영향, '증상'의 발생과 성격과의 관련 여부, '행동화(실행)' 행위가 발생하는 이유, 성격 속에 들어 있는 '충동'의 존재, 그리고 충동과 '억제'를 위한 방어기제와의 관계, 그리고 성격에서 '방어 메커니즘'의 실행과 기능에 관한 정밀한 분석 등이 바로 그런 문제들이다. 따라서 1부에서는 다음과 같은 항목들을 관찰하고 분석해 성격의 특정 형태 또는 구조가 생겨난 배경과 이유를 세밀하게 분석할 것이다.

1. **기억하기** 자신에게 중요한 사건·경험이 떠오르지 않도록 억누르는 기억의 억압과 반대되는 개념이다.
2. **소망** 소망이 이루어졌을 때와 좌절했을 때 그것이 각각 성격에 미치는 영향을 본다.

3. **증상** 성격에서 드러나는 감정적·심리적 증상들과 그것이 발생하는 과정 및 이유를 분석한다.

4. **실행하기** 어떤 사람이 어떤 것을 (행동화하지 않는 경우처럼) '알고만' 있지 않고, (행동화하는 경우처럼) '실행하는' 이유는 그 사람의 성격이 작동하는 방식을 매우 효과적으로 설명하는 요소다.

5. **충동** 충동은 무엇이며, 어떤 역할을 하는지를 안다.

6. **조절** 조절의 중요성과 조절과 충동의 관계를 설명한다.

7. **조절과 충동 면에서 본 성숙도**

8. **방어기제** 감정 조절에 발휘되는 방어기제의 작동 방식을 안다.

9. **방어기제** 성격적 특성을 관리하는 방어기제의 작동 방식을 안다.

성격 발달을 가늠하는 이 모든 기준점들을 해부하고 분석하면 그 사람의 성격이 어떤 과정으로 조립되었으며, 전체적으로 어떻게 지금과 같은 성격의 얼개가 완성되었는지를 알 수 있다. 또 지금과 같은 유형의 성격, 즉 특정 행동에서 나타나는 특정한 성질 또는 스타일을 가지게 되었는지를 매우 상세하게 증언해준다.

그다음 2부에서 기본적인 성격 형태와 스타일, 각 성격에 대한 임상적인 사례를 제시하고, (앞에서 언급했듯이) 그 형태에서 더 정상에 가까운 성격 스타일을 표현하면 실제로는 각각 어떻게 보이는지에 대한 사례를 제시하고자 한다.

1부

성격의 구조

CHARACTER

1장

기억하기

우리는 정신분석 전문가들이 추구하고 있는 것의 본질을 분석함으로써 성격의 형성 과정을 탐구하는 여정을 시작하고자 한다. 성격이 형성되는 과정을 밝히는 정신분석학적 과제를 한 단어로만 표현해야 한다면, 그것은 바로 '기억하기'일 것이다.

　정신분석 전문가들은 환자들이 기억하기를 바란다. 이 '기억하기'란 당연히 그 사람의 과거, 개인사, 어린 시절과 관계가 있는 어떤 것을 말한다. 우리가 기억해야 할 것이 무엇인지를 기억한다면 발판의 첫 단계에 올라선 셈이며, 그 발판에서 출발해 성격 형성의 기본 요소를 파악할 수 있다. 이 발판에 접근한다는 것은 성격이 놓여 있는 상부 구조 전체를 우리가 한 단계 한 단계씩 조망할 수 있는 유리한 위치에 오를 수 있다는 말과 같다.

정신분석 전문가들은 당신에게 기억하는 연습을 하라고 요청하면서 기억하기를 시킨다. 예를 들어 정신분석 전문가는 치료를 시작하기 전에 환자에게 전날 꾼 꿈을 이야기해보라고 요청한다. 하지만 환자가 자신은 꿈을 잘 기억하지 못하기 때문에 꿈의 내용을 기억하려면 종이에 적어야 할 것이라고 한다. 그러면 십중팔구 그 정신분석가는 환자에게 "절대로 꿈의 내용을 종이에 적지 말라."라고 이야기할 것이다. 종이에 적지 말고 그 꿈을 기억해보라고 권유할 것이다.

꿈을 기억하는 문제와 관련해 환자에게 이런 작은 지침을 주는 목적은 환자가 꿈을 기록한 일지에 의존하지 않은 채 '기억하느라' 고생하도록 만들기 위해서다. 꿈을 기록한 일지가 있으면, 기본적으로 환자는 기억을 되살리려는 능동적인 투지를 발휘할 의무가 면제된다. 게다가 기억하려고 애쓰는 것이 고생이긴 하지만, 이런 투지는 문서화된 자료 또는 적극적인 노력을 요하지 않는 다른 기억술에 의존하지 않는 것이 좋다는 측면에서 환자의 발전에 도움이 된다.

중요한 것은 우리 모두 고생할 필요가 있다는 것, 즉 스스로를 압박해 생각을 짜내고, 애써 기억을 해야 가장 먼저 마음에 떠오르는 것이 무엇인지를 놓고 토의할 수 있다는 것이다.

성격의 구조

우리가 기억해야 할 것은
무엇인가?

사람들은 저마다 서로 다른 것, 서로 다른 경험을 기억하지 않는가? 물론 모든 사람들이 실제로 똑같은 것을 기억할 수는 없다. 이 말을 달리 표현해 이렇게 생각해보자. 결국 우리가 기억을 한다면, 모두가 똑같은 것을 기억할 수 있는가?

과거를 기억해보라는 요청을 받았을 때 "모두 똑같은가?"라는 말이 우리가 도달하는 결론일까? 이에 대한 좋은 대답은 "그렇다."이다. 우리는 모두 똑같은 것을 기억할 것이다.

"우리가 기억해야 할 것은 무엇인가?" 이 말을 달리 표현하면, 우리는 '무언가'를 의식할 필요가 있다는 것이다. 지그문트 프로이트가 말했듯이 인간의 의식에는 치유 능력이 있기 때문에 이 무언가를 의식해야 한다. 프로이트의 말은 우리가 무언가를 의식하지 못할 때, 무언가가 억제된 채 우리 의식의 바깥에 있을 때, 이런 망각이야말로 진정한 의미에서 매우 중요한 문제의 은폐, 즉 '무의식적인 은폐'라는 것이다.

본인이 그것을 은폐하고 있으면서 정작 본인은 그 사실조차 모르는 은폐다. 게다가 그 무의식적인 은폐는 문제를 일으키고, 여러 감정적인 증상들과 심리적인 증상들을 낳는다.

하지만 다행인 점은 그 비밀, 즉 (심지어 자아 속에까지) 숨어 있는 그것을 *끄집어내고* 파헤치면 치료가 가능하다는 것이다. 따라서 프로이트는 의식의 바깥으로 밀려났거나 억압된 무의식적 경험을 의식의 영역으로 *끄집어내는* 것은 그 경험을 기억한다는 것을 의미하며, 이를 기억하는 것이 치료 과정의 시작이라고 판단했다.

그래서 아마도 은폐된 것, 무의식적인 것, 숨겨진 것, 억압된 것, 즉 잊혀진 것을 다루는 것이 중요한 문제였을 것이다. 억압된 것, 즉 잊혀진 것(우리가 기억해야 하는 것들)이 무엇인가에 대한 문제에 답하려면, 먼저 우리가 어렸을 때 말을 하기 시작하면서 어떤 행동이 허용되고, "안 돼."라는 말이 무슨 뜻인지를 어른들에게 듣기 시작했을 때 우리에게 요구되었던 행동을 이해해야 한다. 성격이 형성되는 단계 중에서 우리가 기억해야 하는 것을 은폐하고 억압하기 시작했던 때가 바로 이 기간이다.

순응을 강요받는
아이들

적어도 부모 중 한 명이 자식을 올바르게 지도하는 데 전념을 다하는 평범한 가정이라면, 부모(또는 부모 중 한쪽)는 항상('항상'을 강조하고자 한다) 자식에게 문화생활을 영위하는 데

'할 일'과 '해서는 안 될 일'을 가르치거나 자식이 배우는 데 관심을 쏟는다. 물론 여기서 정말 중요한 부분은 '해서는 안 될 일'이다. "안 돼, 하지 마." "안 돼, 그건 만지지 마." "안 돼, 그건 입에 넣지 마." "안 돼, 그건 갖고 가지 마." "안 돼, 난로를 만지지 말거라. 너무 뜨거워." 등이 여기에 속한다.

우리 모두 "안 돼."라는 말을 들으면서 세상을 배운다. 그러나 아기들과 어린아이들이 듣는 "안 돼."라는 말에는 암묵적으로 "그러지 않으면 혼난다!"라는 말이 뒤에 붙어 있다. 아무리 밝은 어조로 "안 돼."라는 말을 해도 아기들과 어린아이들은 그 안에 숨어 있는 "그러지 않으면 혼난다!"는 말을 듣는다. 그리고 그 말을 실제로 입 밖에 내는 (심하면 위협조로 말하기도 한다) 가정들도 많다.

아이가 본인조차 모르게 속이는 그 '무엇'에 관해 우리에게 처음으로 실마리를 주는 것은 바로 "그러지 않으면 혼난다."라는 암묵적인 말, 그리고 아이들이 그 말에서 느끼는 감정이다. 그리고 실질적으로 위협이 되는 것도 바로 (암묵적이든 아니든) 그 말이다. 아이들에게서 복종심을 끌어내고, 유도하고, 샘솟게 하는 것은 바로 이 위협의 암시다. 게다가 아이는 당연히 부모가 베푸는 사랑과 관심의 맥락 속에 그러지 않으면 혼난다는 뜻이 존재한다고 암묵적으로 이해한다.

따라서 부모의 지도·가치관·성격 스타일에 대한 아이들의 복종은 아이들의 마음에 선악과 '존재하는 방법'에 대한 강력한 현실적 감각이 생기게 하는 진정한 동력이다. 이 '존재하는 방법'은 '중요한 타인들과의 동일시의 심리학'과 함께 인간의 성격 발달을 파악하는 데 핵심적인 요소다.

더불어 아이들이 부모의 태도와 신념을 동일시하고 내재화하는 것도 또 다른 종류의 복종이다. 이런 것들은 아이들의 성격이 형성되는 전체 기간에 주입되거나 동화된다. 게다가 이와 동시에 다른 것도 생겨난다.

아이들이 순응을 강요받으면 무슨 일이 일어날까?

우리는 모든 아이들이 사랑받고 있다고 느끼든 그렇지 않든, 항상, 그리고 어떤 형태로든 버림받을 수 있다고 생각한다는 사실을 알아야 한다. 특히 성장단계 초기에 있는 아이들을 완전히 무력감에 빠뜨리는 것은 아무리 가능성이 적더라도 부모 없이 존재할지도 모른다는 생각이다.

이런 무력감(또는 권력 박탈감)은 양면적인 성질을 띠고 있다. 첫째는 육체적 보호에 대한 느낌이고, 둘째는 그보다 훨씬 큰 위험에 대한 느낌, 즉 감정적 취약성이다. 감정적으로 공격을 당한 것 같은 느낌이라고 하면 더 잘 이해할 수 있을 것이다. 아이에게서 남의 말을 듣고, 남에게 복종하고, 순응하게 하는 동기와 의향을 불러일으키는 것은 바로 이런 불안감, (자녀 유기와 감정적 취약성에 동반되는) 두려움, 그리고 유기당할 수도 있다는 예측이다.

이 모든 요인들(순응, 유기당하는 것에 대한 두려움, 보호의 필요성)이 아이들에게 영향을 주지만, 그 아이가 얼마나 어린지, 보호를 받는 데 어떤 어려움에 처해 있는지는 문제가 되지 않는다. 사실 모든 사람들은 순응을 힘의 형태나 고분고분한 순종, 또는 통제로서 경험한다. 이런 순응은 아무리 정도가 희박하더라도 자신이 통제받고 있다는 느낌 때문에 분노를 (의식하든 안 하든) 반드시 유발한다. 우리는 이를 대체로 암묵적이고 무의식적으로 경험한다. 힘 앞에서 무력하고 상황을 정확하게 판단하지 못하는 어린아이들, 즉 논리적 마인드가 정립되지 않아 대체로 자기 기분에 의존하는 어린아이들에게 특히 잘 들어맞는다.

이런 아이들에게 분노는 항상 규정을 지켜야 한다는 조건 때문에 생기는 것처럼 보인다. 중요한 점은 모든 아이들이 항상 혹은 어떤 시점에 접어들면 순응을 강요된 형태의 순응으로 경험하며, 나중에 그것을 회고하면서 분노하지만 대부분 그 분노 자체에 대해서는 제대로 알지 못한다는 것이다.

여기서 문제는 "왜 그렇게 되느냐?"다. 정답은 "우리가 충동·욕구·소망이 이루어지지 않으면 기분이 어떤가?"라는 질문의 대답과 밀접하게 관련되어 있다. 충동·욕구·소망 외에는 별로 아는 것이 없는 어린아이(또는 아기들도 마찬가지다)의 경우가 특히 그렇다.

기본적으로 사랑이 넘치는 가정은 아이가 아무리 변덕을 부리고 무리한 요구를 해도 부모의 관심과 배려에 힘입어 거의 언제나 자신이 원하는 것을 모두 얻는다. 하지만 새로 세상에 나온 이 피조물은 물론 자신의 모든 소망이 정확히 필요한 만큼, 정확히 원하는 때에 충족된다고 생각하지 않는다.

이런 소망이 좌절하는 일이 불가피하게 발생하기 때문에, 아이는 심한 권리 박탈감 또는 이와 비슷한 것이 아이의 마음에 침투해 모든 감각과 감정에 스며드는 좌절감을 경험한다.

아이가 느끼는 분노는
어떻게 되나?

여기에서 중요한 점은 아이는 일반적으로 그런 분노(심지어 격분)를 표출하지 못한다는 사실이다. 모든 어린아이들은 자신이 버림받을지 모른다는 상상을 하기 때문에, 비록 그것이 일반적인 분위기로서 실체가 없거나 모호하게 느껴지더라도, 혹은 경험하더라도 그 분노를 감추려고 한다. 다시 말해 아이들은 그 불만(혹은 분노)을 억누르고, 나아가 무의식 속에 숨겨놓지 않을 수 없는 것이다. 이런 식으로 분노가 직접 표출되지 않기 때문에, 아니 그 아이의 의식에 아예 없기 때문에 아이가 벌 받을 개연성과 가능성은 거의 제로에 가깝다. 다른 말로 하면 그 아이는 아무리 화가 나도 반사적으로 (그리고 빛의 속도로) 그것을 감출 수 있다. 따라서 아이는 어떤 분노도 표출하지 않거나 의식의 영역에서는 분노를 경험하지 않기 때문에 벌 받을 이유가 없으며, 더 중요한 점은 부모에게 버림받을 이유가 없다는 것이다.

물론 아이들은 실제로 일상생활에서 분노를 드러낸다. 하지만 아이들의 발달 과정과 경험 속에는 부모에 대한 순응을 촉구하거나 강요하는 사건들이 너무 많기 때문에, 아이들이 그런 강요에 맞서고 저항하더라도 그 과정에서 순응하는 태도가 점진적으로 자리를 잡는다. 그리고 이에 상응해 분노도 생기지만, 분노의 대부분은 억압의 과정을 통해 은폐되어 아이의 마음속, 즉 무의식에 깊이 숨어버린다.

분노가 그런 식으로 억압되면 과연 무슨 일이 생길까? 우선 분노가 억압되더라도 당사자인 아이는 분노의 존재조차 알지 못한다. 오히려 아이는 희미하게나마 무언가가 잘못되었다는 느낌을 가질 뿐이다. 대부분 무언가가 잘못된 것 같다는 느낌은 흔히 죄책감이라는 특별한 감정으로 둔갑한다. 그리고 이 죄책감(물론 아이는 죄책감이 존재하는 이유도 모른다) 때문에 아이는 무언가 착한 일을 하고 싶어한다. '무언가 잘못되었다.'라는 기분(죄책감)을 없애거나 마음에서 지워버려야 하기 때문이다. 다시 말해 사람이 선행을 하면 죄책감, 즉 '잘못되었다.'라는 기분은 효과를 상실한다.

죄책감이 없어지면 그 아이는 기분이 좋아질 것이다. 그리고 기분이 좋아지는 이유는 아이를 괴롭히는 고질적이고 궁극적인 '유기에 대한 공포'가 억압되었기 때문이기는 하지만, 드디어 제로의 단계로 내려갔다는 뜻이 된다.

따라서 우리는 약간 잘못된 기분(버림받는다는 아이의 두려움)이 개입되어 있긴 하지만, 꽤 괜찮은 결과가 나올 수 있다는 것을 알 수 있다. 역설적으로 나쁜 이유에서 좋은 결과가 나오는 경우도 간혹 있다. 아이들은 기본적인 착각이나 망상 속의 두려움, 즉 버림받을 가능성에 대한 두려움과 믿음 때문에, 누구에게도 사랑받는 사람이 되고자 하는 또 다른 소망 때문에 처음부터 올바르게 행동해 궁극적으로 훌륭한 시민으로 성장하기도 한다.

무엇을 기억해야 하나?

이제 우리는 초창기에 부모에게 품었던 분노 의식과 순응이 분명하게 밀접한 관계가 있다는 것을 알게 되었다. 그리고 그 분노는 직접적으로 표현되지 못하며, 심지어 아이의 의식에 접근하지도 못한다. 물론 대부분의 사람들은 이런 사실을 인식하지 못하고 정확하게 짚어내지 못한다. 다시 말해 그것을 '기억하지' 못한다.

과연 무엇을 기억하지 못한다는 것인지가 문제다. 사람들이 기억하지 못하는 '그것'이 무엇인가? 아이는 '유기의 두려움'이라는 감각을 그 이후에 따르는 규칙과 규정에 대한 순응과 함께, 그리고 기쁨을 느끼고자 하는 (또는 기뻐하기 위해 필요한 것을 얻고자 하는) 어떤 소망도 만족시킬 기회를 얻지 못한 데 대한 두려움의 억압과 함께 기억하지 못한다.

인간이 그것을 정확하게 기억하는지가 중요하지 않다는 것은 좋은 소식이다. 똑같은 패턴이 어린 시절의 처음과 끝까지, 나아가 믿기 힘들겠지만 그 사람의 인생을 통틀어 수없이 반복되기 때문이다. 사람들이 기억해야 할 것, 혹은 더 명확히 알아야 할 것은 우리들이 다른 사람들에게 만족하지 못하거나 분노하지만, 이런저런 이유로 분노를 직접 표출하지 못하거나, 심지어 분노의 감정을 인식조차 못한다는 사실이다. "인생 전체를 통틀어 동일한 패턴이 반복된다."라는 말은 바로 이것을 의미한다.

기억할 필요가 있는 것(프로이트의 말에 따르면 의식이 치유할 수 있는 부분)은 우리 모두가 매우 많이 화가 나지만 정작 그것을 모르고 있다는 사실이다. 우리는 이것을 '화가 난다.' '지루하다.'

'기분이 안 좋다.' '우울하다.' '불만이다.' 등 화가 난 것을 의미하는 무수히 많은 다른 단어들로 표현한다.

분노는 거의 언제나, 당신이 원하는 것을 갖지 못하게 하는 다른 사람을 향한다. 그 사람이 당신에게 한 짓은 당신이 꼭 알아야 하는 중요한 행위다. 그리고 알아야 할 중요한 행위는 항상 똑같다. 이상하게도 모든 사람들이 다 똑같다. 그렇다면 다른 사람이 한 것과 관련해 우리를 항상 화나게 하고, 아울러 이 분노를 직접적으로 표출하는 것을 위험하게 하는 것은 무엇인가?

바로 우리의 소망을 무산시키거나 가로막는 것이다. 그리고 이런 소망의 저지는 심리적·감정적 증상의 발달 과정에서 탄생의 순간에 해당한다. 사실 소망이 좌절되는 과정과 분노의 반사 반응이 어떤 증상의 발달에 얼마나 중요한지를 잘 말해주는 몇 가지 원리들이 있다. 그 원리들은 성격의 구조를 알게 해줄 뿐 아니라 성격 구조의 결과도 보여준다. 그 원리들은 다음과 같다.

원리 1 좌절된 소망이 있는 곳과 소망의 좌절에 대한 분노가 억압된 곳에는 분노의 억압 때문에 발생하는 증상이 있을 뿐 아니라, 분노–억압에서 발전하는 증상도 반드시 있다.

원리 2 증상이 있는 곳에는 분노가 억압되어 있을 뿐 아니라, 분노는 반드시 억압되어야 한다.

원리 3 분노가 억압되는 곳에는 증상이 없을 뿐 아니라 생길 수도 없다.

원리 4 증상이 없는 곳에는 억압되는 분노가 없을 뿐 아니라, 억압되는 분
　　　노가 있을 수도 없다.

　소망이 저지되는 시점은 곧 어떤 증상이 탄생하는 시점이기도
하다. 이것이 바로 증상의 개념인데, 증상은 성격의 구조와 그 결
과를 보여주는 예다. 이런 맥락에서 다음 장에서는 소망과 증상
의 본질에 대해 고찰해보겠다.

CHARACTER

_⌒ 2장 ⌒_

소망과
여러 병리적
증상들

"인간은 모두 소망에 푹 빠진 피조물들이다."라는 말은 인간은 모두 쾌락 원리의 지배를 받는다는 뜻이다. 우리가 어떤 것을 원한다는 말은 "나는 그것을 내가 원하는 때에 갖기를 원한다."라는 말이다. 그리고 소망은 이 쾌락 원리의 중요한 상징으로, 소망이 이루어지면 기분이 좋아지고 권력을 얻은 것 같은 기분이 든다. 하지만 반대로 소망이 이루어지지 않으면 당연히 기분이 좋지 않으며, 그것에 상응해 권력을 박탈당한 것 같이 느낀다.

　모든 사건의 공통적인 문제는 세상의 구조가 이런 식으로 이루어져 있기 때문에 변수가 너무 많다는 점이다. 다시 말해 우리가 취하는 모든 행동에 영향을 끼치는 요소가 너무 많다. 그리고 그 많은 요소들 때문에, 우리가 처하는 상황을 우리 손으로 통제할 수 없다. 우리와 우리의 상황에 영향을 미치는 매우 많은 변수들 때문에 실질적으로 주변의 모든 상황을 원하는 방향으로 통제하지 못한다.

그래서 인간은 원하는 것을 얻지 못하는 경우가 훨씬 많다. 설사 원하는 것을 손에 넣었더라도, 그것이 우리가 정확하게 원했던 것이 아닌 경우가 비일비재하다. 또 우리가 정확하게 원했던 것을 얻었다고 하더라도, 그것이 우리가 원했던 최대한도에 미치지 못하는 경우도 많다. 이것은 우리가 어린아이(유아들도 마찬가지다)들이 잘 느끼는 감정을 묘사할 때를 의미하는 상황이기도 하다.

우리가 항상 경험하는 이 완전하지 못한 행복감 때문에 매우 자주, 어떤 사람은 조금, 어떤 사람은 많이 좌절한다. 중요한 사실은 우리는 소망이 충족되지 않거나 불충분하게 충족되면, 대체로 실망하고, 불만스러워하며, 언짢아하고, 넌더리를 내거나 이 모든 부정적 감정을 복합적으로 품는다는 것이다. 이와 같이 불만과 신랄함이 합쳐진 감정이 마음속에 자리잡으면, 실망과 어우러진 불만이 짜증과 분노(격분처럼 더욱 격렬한 분노)의 감정을 유발할 것이라는 예측은 불을 보듯 명확하다. 그리고 자존감이 매우 허약한 일부 사람들에게는 격노를 자아낼 것이다.

분노를 유발하는 권력 박탈의 감정은 대체로 또 다른 사람을 겨냥해 표출되게 마련이다. 소망이 이루어지지 않거나 충족되지 않는다는 말은 누군가가 그 사람이 원하는 것, 즉 좋은 직장·봉급 인상·섹스·승인·인정·추앙하는 마음·음식·성공 등을 얻지 못하도록 방해하는 경우가 대부분이기 때문이다. 이것을 우리는 '좌절된 소망'이라고 부른다.

왜 우리는 분노를
억압하거나 억누르는가?

이런 일이 일어났다고 해도(즉 어떤 사람이 당신이 원하는 것을 얻지 못하게 하는 사건이 일어났다고 해도), 당신은 분노를 십중팔구 자신에게 좌절을 안겨주는 그 사람을 향해 표출하지는 못할 것이다. 그 '문제의 사람'이 당신의 부모·사장·배우자·선생님·고객·손님·소중한 친구 등 자신에게 중요한 사람일 가능성이 매우 높기 때문이다. 따라서 이런 사회생활의 맥락에서 당신이 그런 사람을 향해 분노를 직접 표출하기란 거의 불가능하다. 아마 그 사람에 대해 분노를 품었다는 생각 자체가 무의식적으로, 자신의 안전에 대한 중대한 위협으로 인식될지도 모른다. 이 같은 감정 표출의 불가능성이라는 맥락에서 우리는 순간적으로, 아마 빛의 속도로, 특히 그 사람에게 분노했었다는 사실을 인식하기도 전에 분노의 감정을 숨기고, 은폐하고, 억누르고, 무의식에 묻어버린다. 그래서 본인도 실제로, 또는 십중팔구 절대적으로 분노가 존재했었다는 사실 자체를 망각할 것이다.

이런 일은 우리 모두에게 무수히 많이 일어난다. 이제 문제는 이렇게 바뀐다. 그래서 분노를 억압하거나 억누른다는 것이 도대체 무엇을 의미하는가?

분노를 억누른다(억압한다)는 말은 어린 시절에 우리가 그랬듯이, 화가 났다는 사실을 문제의 그 사람, 즉 당사자가 알지 못하게 한다는 뜻이다. 그렇게 하는 이유는 그 사람이 자신에게 분노의 감정을 품었다는 것을 알면 어떻게 하리라고 본능적으로 알기 때문일까, 혹은 어떻게 하리라고 예상하기 때문일까? 우리는 그 사람이 우리를 불합격시키거나, 해고하거나, 미워하거나, 떠날 것이라고, 즉 우리를 버릴 것이라고 생각한다.

이것이 문제의 핵심이다. 우리가 이 문제에 정면으로 맞서는 대신, 즉 이 문제를 유기遺棄라고 부르지 않고 보다 복잡하고 암호 같은 단어들(불합격시키고, 해고하고, 미워하고, 떠난다)을 쓴다는 사실 자체가 그런 분노를 억압한다는 뜻이다. 따라서 우리는 어렸을 때 그랬던 것처럼, 우리의 안전을 좌지우지하는 사람들에게 직접 화내는 것을 두려워하고 있으며, 이런 태도는 흥미롭게도 우리가 살면서 준수하는 문화적 행동 기준에 의해 계속 강화되고 있다.

이런 의미에서 볼 때, 성격의 형성 과정에서 발생하는 성격적 교란(감정적 증상들)은 기본적으로 정신적 활동의 심층 구조에 대한 고려 사항에 기초를 두고 있다. 이런 상황의 명제는 '성격의 형성 과정에서 발생하는 정신 활동의 심층 구조는 좌절된 소망으로 인해 억압된 분노와 그 당사자의 관계로 구성되어 있다.'라고 정리할 수 있다.

하지만 이것은 모두 깊숙한 곳에 있다. 성격의 구조 중에서 대체로 속에 파묻힌 층에 해당된다. 그런데 꼭대기에는 그 사람들(우리의 소망을 꺾어버린 범인들)이 자기에게 분노의 감정을 품고 있다는 것을 알 경우 생길 수 있는 사태에 대해 두려워하는 마음이 있다.

따라서 의식적으로 어떤 사람이 우리가 아무개에게 화가 나 있는 것 같다고 지적하면, 우리는 대체로 그것을 부인한다. 그것은 순전히 우리가 그런 감정을 품고 있다는 것조차 모르고 있기 때문이다.

반면 어떤 사람이 우리에게 와서 우리가 아까 그 사람을 두려워하고 있는 것 같다고 말하면, 우리는 대체로 그 두려움을 더 잘 인식하며, 아울러 그 불안한 마음 또는 두려움을 신속하게 인정하고 확인해줄 것이다. 그런 불안감 또는 두려움을 은밀히 나타내는 암호는 타인을 존중하는 마음이다.

소망과 여러 병리적 증상들

상황을 조작하는
일관된 행동 패턴

기본적으로 우리의 마음 깊은 곳에는 '은폐된 분노'가 있다. 꼭대기에 있는 것은 우리가 남에게 거부당하고 버림받는 두려움에서 벗어나기 위해 짜낸 전략과 전술에 바탕을 둔 작은 시나리오를 창작하기 위해 거치는 복잡한 절차다. 만약 다른 사람이 사교를 위한 허식 밑에 감추어진 우리의 분노를 볼 경우, 그에 대한 거부 또는 유기가 발생할 수 있다고 생각한다.

이 작은 전략과 전술이 바로 다른 사람들이 꼭대기에 있는 두려움이나 그 밑에 있는 분노를 보지 못하도록 상황을 조작하는 우리의 일관된 행동 패턴이다. 특히 밑에 있는 분노를 보지 못하게 하는 것이 중요하다. 앞에서 설명했듯이, 우리는 마음 깊은 곳에 있는 분노의 존재를 인식조차 못하는 경우가 매우 많다. 게다가 우리는 그것을 봐도 알지 못한다.

사람의 사회적 모습을 결정 짓고 마음속에 각인되어, 궁극적으로 그 사람만의 특징적 자아로 인식되는 것은 마음속 밑바닥에 깔려 있는 감정들(분노와 만족감)을 은폐해야 할 필요성에 바탕을 두고 형성된, 이런 행동-성격 패턴이다. 어떤 사람이 "그의 성격 프로필은 어떤가?"라고 물으면, 그 사람이 정말 알고 싶어하는 것은 이런 각인된 행동 패턴의 조합, 즉 성격적 특징이다. 예를 들어

도전에 직면했을 때 단호하게 맞설 수 있는지, 혹은 그런 도전에 소극적으로 또는 소심하게 대처하는지를 알고 싶은 것이다.

이런 성격적 또는 기질적 (행동) 패턴이 성격을 이루는 기본적인 골격이고, 이것을 중심으로 주변에 그 사람의 개인적 특질(개성)들이 분포되어 있다고 이해하면 된다. 어떻게 옷을 입든, 어떻게 생각하든, 무슨 일을 하든, 심지어 어떤 증상을 갖고 있든 이 모든 요소들은 성격을 구성하는 기본적인 골격, 즉 뼈대를 둘러싸고 있는 것이다. 그리고 그 골격은 변화에 견디는 힘이 매우 강해 놀랍게도 강철보다 더 단단하다고 말하는 사람들이 있을 정도다. 그렇다. 하나의 주제로서 기질 또는 성격의 구조는 그 무엇보다도 강할 뿐 아니라 가장 손에 잡히지 않는 주제라고 할 수 있다.

가장 단단하면서도
손에 잡히지 않는 성격 구조

우리는 매우 어린 시절부터 상당히 견고한 성격 구조를 지속적으로 발전시켜왔다. 그래서 나이가 먹어도, 아니 고령에 달해도, 이른바 성격의 골격(이 같은 행동 패턴들)은 그대로 유지되며, 원래 모습 그대로 존재한다. 그런 패턴이 몸에 배어도,

소망과 여러 병리적 증상들

성격은 적응 가능성의 측면에서 볼 때 유연할 수도 있기 때문에 우리는 우리의 욕구에 바탕을 둔 개성의 표현과 처신에 따라 달라질 수 있다.

개인적인 욕구는 특별한 사회적 환경에 의해 결정된다. 그러나 이런 성격의 가소성(可塑性, 외력에 의해 형태가 변한 물체가 외력이 없어져도 원래의 형태로 돌아오지 않는 성질-옮긴이)이 개인별 성격을 드러내는 실루엣(성격의 골격), 즉 성격의 기본적인 구조의 영향력을 무효화시키는 것은 아니다. 성격의 가소성은 마음에 적용된다.

이것은 온갖 상황에 가장 잘 적응하기 위해 우리의 마음이 방어기제와 사회적 이해를 활용하는 방식이다. 그래도 성격의 골격은 기존의 유전적 기질에 어린아이의 성격 발달 과정에서 처음부터 끝까지 기존의 유전적 기질의 모양을 만드는 온갖 유전자의 외적 요인(환경적 조건과 요구)이 합쳐진 것이다.

성격이 이런 식으로 기초를 쌓아가는 과정을 보고 있노라면, 성격의 내부 구조가 골격을 갖춰가는 모습을 보는 것 같다. 그리고 그 내부 구조는 궁극적으로 우리의 정신psyche이 안내하고 보호하는데, 이른바 쾌락 원리(사람은 즐거움을 주는 모든 것에 관심이 있다)가 소망(우리가 원하는 것을, 그것을 원할 때 그것을 원하는 방식으로 원하는 것)과 동의어 취급을 받는 것처럼, 우리는 이 '정신'을 '마음mind'과 동의어로 치부한다. 우리는 심지어 쾌락 원리와 소망의 관계는 정신과 마음의 관계와 같다고 말할 수도 있는데, 이 말은 소망이 쾌락 원리의 대표인 것처럼 마음도 정신의 가장 뚜렷한 대표라는 뜻이다. 실제로도 마음은 정신을 대변한다.

소망은 우리를 어떻게
곤경에 빠뜨리는가?

흥미롭고 예측 가능한 사실은 소망이 우리를 곤경에 빠뜨릴 수 있다는 것이다. 이것은 정말 간단하다. 소망은 우리를 곤경에 빠뜨릴 수 있고, 또 실제로 빠뜨린다. 인간은 모두 소망으로 가득 찬 피조물이라는 사실 자체는 문제가 되지 않는다. 문제는 그 소망이 누군가에 의해 좌절되었을 때 화가 난다는 사실이다.

대부분의 사람들은 큰 소망과 작은 소망을 절대 구분하지 않는다. 즉 모든 사람들은 하나하나의 소망을 모두 큰 소망으로 간주한다. 예를 들어 손목시계가 필요한데 그것이 침실 어딘가에 있다는 걸 알고 있으면서도 그것을 못 찾을 때, 그 손목시계를 집 아닌 외부에서 정말로 잃어버렸을 때와 똑같이 좌절하고 짜증을 내며 속상해한다. 다시 한 번 강조하지만, 사람들은 일반적으로 큰 소망과 작은 소망의 차이를 따지지 않으며, 그것들을 모두 큰 소망으로 여긴다. 게다가 사람들은 일반적으로 곤경과 짜증나는 일을 구분해서 생각하지 않는다. 모든 것을 곤경인 것처럼 대한다. 그리고 이는 큰 소망과 작은 소망을 구별하지 않는 경우의 또 다른 형태다.

이런 면에서 볼 때, 대부분의 사람들은 결국 자기네들이 항상 달고 사는 그 모든 '곤경들'은 물론, 자신들이 현실화시키지 못한 소망들을 늘 생각하며 살게 된다.

성격이 형성되는 과정과
무슨 관계가 있는가?

이 모든 것이 성격 형성과 관련해 무슨 의미가 있는지의 문제는 사람은 자신이 원하는 것을, 자신이 원하는 방식으로, 자신이 원할 때, 그것도 상황이 허락하는 최대한도로 얻지 못하면 화를 낸다는 문제와 밀접한 관련이 있다. 자기가 원하는 것을, 원하는 시간에, 원하는 방식으로, 그것도 최대한도로 얻지 못하면 당신의 소망은 방해를 받고, 좌절되고, 꺾인 것이다. 그러면 당신의 기분도 그와 똑같이 된다.

그렇게 소망이 저지되면 그것에 대한 반응으로 당신은 권력을 박탈당한 것처럼 느낄 것이다. 반대로 소망이 이루어지면 권력을 부여받은 듯한 기분을 느낄 것이다. 더 정확히 말하면, 소망이 거부되었을 때 우리 마음에 생기는 것은 무력감 또는 권력 박탈감이다.

분노 가라앉히기와
증상의 발달

무력감 또는 박탈감의 심리는 일반적으로 사람이 분노를 느끼면, 그 분노를 억압하거나 억누르는 결과로 이어진다. 항상 무조건적으로(큰 소망과 작은 소망을 구분하지 않은 채) 모든 소망을 크게 여기고, 어떤 불편도 곤경으로 치부하고 나서 자신은 원하는 것을 영원히 얻지 못할 것이라고 생각하는 인간의 속성을 염두에 두고, 우리가 얼마나 많은 분노를 억누르고 있는지 상상해보자.

이 말은 우리는 인생의 대부분을 화를 내기 위해 끊임없이 애쓰고 있으며, 화가 나 있는지 알지도 못한 채 "화가 났다." "스트레스를 받았다(화가 나 있음을 나타내는 또 다른 암호 같은 말이다)."라고 말한 후, 그 분노를 억누르거나 가라앉히는 경우가 많다는 것을 의미한다. 우리가 분노를 억압하거나 참는 것은 우리의 소망을 저지하고, 우리에게서 권력을 앗아가는 사람들이 대체로 여러 이유로 인해 우리가 감히 그 앞에서 성질을 낼 수 없는 사람들이기 때문이다.

그러면 우리가 분노를 억누를 때 얻는 것은 증상, 즉 감정적 · 심리적 증상인데, 이것은 간혹 물리적인 증상의 형태를 보일 수도 있다. 예컨대 지속적으로 분노를 억제한 결과로 고혈압이 생길 가능성이 있을까? 정답은 "아마도 그럴 것이다." 또는 "아마도 그렇지 않을 것이다."인데, 둘 다 맞다. 분노의 억압이 지속적인 것이라면, 그리고 이런 종류의 상황이 장기간에 걸쳐 지속되었다면 여러 가지 신체적 증상을 동반한 고혈압이 생길 가능성이 매우 높다고 할 수 있다.

따라서 감정이 정말 육체적 질병에 영향을 끼치는지와 같은 해묵은 질문에 대한 답은 두말할 것 없이 "그렇다."이다. 감정은 심리적으로 안 좋은 증상들이 나타나게 할 뿐 아니라, 실제로 신체적 질병이 생기는 데 영향을 미칠 수 있다. 각종 공포증, 불안장애, 소화불량, 편두통 등이 여기에 속한다.

성격의 구조상 소망이 저지되면, 즉 원하는 것을 갖지 못하게 되면 그 사람은 힘을 빼앗긴 듯한 기분을 느끼며 무력감 또는 권력 박탈감 때문에 분노한다. 그다음에 일어나는 현상은 대체로 그 사람의 무의식 속에서 소망이 공포증이나 불안반응不安反應, 또는 공황발작이나 침투적 사고(당신이 원하지 않았는데도 당신의 마음속에 침투하고, 도저히 떨쳐버릴 수 없는 생각), 또는 강박관념(외출하기 전에 난로를 끄지 않고 나왔을 것이라는 떨쳐낼 수 없는 생각 따위)이나 충동적 행동(돌아가서 난로를 껐는지 확인해야 한다고 생각하는 심리 따위) 같은 심리적·감정적 증상이다.

일단 이런 증상이 나타나면, 본인이 그것을 얼마나 이성적으로 설명할 수 있는지에 관계없이 그 증상이 항상 승리한다. 사리 분별이나 논리정연으로도 증상을 절대로 치료할 수 없다. 증상을 설명하기 위해 많은 논리를 동원하더라도 논리로는 그것을 절대 치료할 수 없다. 증상은 어떤 논리적 설명도 귀담아 듣지 않는다. 그 증상을 치료하려면 엉킨 매듭을 풀어야 하는데, 여기서 엉킨 매듭은 우리가 특정 인물에게 화가 났음에도 그 사람을 겨냥해 분노를 퍼붓지 않고 그냥 삭힌 것이다. 따라서 그 분노의 대상은 나라는 사실을 아는 것에서 치료는 시작된다.

문제는 이것이다. 분노의 대상은 바로 나 자신이다.

분노의
성격

분노가 이렇게 자기 자신을 향하면 어떻게 될까? 여기서 중요한 것은 분노가 1차 감정(정서)이라는 점이다. 그리고 분노나 두려움, 즐거움이나 슬픔 같은 1차 감정들은 예외 없이

소망과 여러 병리적 증상들

기본적인 성격 성향을 가지고 있다. 이런 성향을 굴성屈性이라고 불러도 좋다.

일반적으로 과학계에서 많이 쓰는 이 개념은 식물의 굴광성屈光性과 굴수성屈水性이라는 현상을 분석하면 쉽게 설명할 수 있다. 굴광성을 띤 식물은 빛이 오는 쪽을 향해 성장하는 반면, 굴수성을 띤 식물은 물이 있는 곳을 향해 자란다. 그것이 그 식물이 '아는' 전부이기 때문이다. 어떤 물체가 굴성을 띠고 있다면, 그것은 그 굴성의 대상만 '알고 있거나' 그쪽을 향하려는 충동을 갖고 있다는 뜻이다.

분노나 두려움 같은 1차 감정들도 마찬가지다. 예를 들어 두려움은 달아나는 것만 안다. 두려움은 달아나기를 원한다. 혐오감은 거부하는 것 또는 내쫓는 것(토하기)만 안다. 환희는 흥에 겨워 고동치는 것만 안다. 그리고 분노는 공격하는 것만 안다. 분노는 공격하고 싶어한다. 따라서 사람이 분노를 삼키고 그것을 자신에게 쏟으면, 분노는 그 자신을 공격할 수밖에 없다. 원래 그렇게 하도록 되어 있기 때문이다. 그것이 자연의 이치다. 분노는 공격하는 것밖에 모른다. 두려움의 본질은 달아나기며, 분노의 본질은 공격하기다.

따라서 1차 감정들은 자신이 지닌 1차원적(표피적) 속성의 지배를 받을 뿐, 본질적으로 외부문화의 영향은 전혀 받지 않는다. 물론 환경적 영향이 1차 감정들에 실제로 영향을 끼치긴 하지만,

그것도 그런 영향이 감정들의 목표를 다시 설정할 수 있는 조건 안에서만 그렇다. 하지만 각 1차 감정이 띠고 있는 고유한 성질은 모두 1차원적(여기에는 오로지 하나의 지침만 작용한다)이다.

공격하라! 분노의 속성상 1차원적 지침은 감정적 증상의 형성에서 매우 중요한 역할을 한다. 예를 들어 소망을 증상으로 전환하는 과정에서 무의식의 용광로, 즉 소망이 증상으로 변형되는 작업이 실제로 이루어지는 도구를 달구는 것은 바로 이 분노다. 이것은 애벌레가 고치를 거쳐 나비가 되는 탈바꿈의 과정과 비슷하다. 다만 이 경우에는 소망이 억압된 채 무의식 속에 존재하는 분노의 작용에 의해 증상으로 변형된다.

다시 한 번 짚고 넘어가자. 앞서 설명한 것처럼 분노는 우리 자신을 공격하는 상황이다. 따라서 분노의 성질을 구성하는 요소들은 소망에 영향을 미쳐, 그 소망이 완전히 충족된 것처럼 표현되도록 하지만, 그것은 심리적·감정적 증상의 형태로 표현된다. 이것이 바로 좌절된 소망이 억압된 분노와 결합되어 탄생한 것으로 이해되는 감정적·심리적 증상이며, 이것은 다음과 같은 공식으로 나타낼 수 있다.

'좌절된 소망 + 억압된 분노 = 증상'

소망과 여러 병리적 증상들

분노의 성질을 분석한
프로필

분노의 성질을 분석하면 공격 성향은 분노의 공격성이 드러나는 다양한 측면과 관련지어 상세히 설명된다는 것을 알 수 있다.

- 분노는 난폭 운전이다. 모든 1차 감정들처럼 분노의 성질도 타고난다.
- 분노는 확장하는 성질을 지니고 있다. 계속 커지기를 원한다.
- 분노는 언제라도 폭발할 가능성을 지니고 있어 터지기를 원한다.
- 분노는 대립적인 성향을 지니고 있어 거친 존재가 되고 싶어한다.
- 분노는 공격성을 띠고 있고 공격하기를 좋아한다.
- 분노는 마음을 구성하는 골격으로 인정받고, 강경히 나갈 권리가 있다.
- 분노는 부여받은 권력으로 무력감을 없애준다.

우리는 스스로
무엇을 원하는지 안다

분노 또는 어떤 1차 감정도 자신이 어떻게 행동해야 하는지, 자신이 존재하는 이유가 무엇인지 잘 알고 있다. 따라서 알고 있다는 사실 자체는 성격의 전체적 구조를 논하는 데 매우 특별할 수 있다. 우리는 자신이 무엇을 원하는지 안다. 특히 그것을 간절히 소망할 때는 더 잘 안다.

알기knowing는 증상의 전개, 소망의 표현, 그리고 가장 중요한 과제인 증상을 파악하는 데 모두 관련되어 있다. 예를 들어 우리 자신이 그동안 분노를 억압했을 가능성을 집중적으로 파악해야 한다는 것을 알고, 한 발 더 나아가 그 분노가 원래 어떤 인물을 겨냥한 것인지를 알고, 또 한 발 더 나아가 그 둘을 연결시켜야 한다는 것(분노를 의식의 영역을 끌고 와서 분노의 원래 대상을 찾는 것)을 안다면, 이런 종류의 인식은 실질적으로, 그리고 정말로 증상을 제거해나갈 수 있다. 다시 말해 진짜 문제(분노와 대상인 사람이 연관되어 있는 것)가 이제 자아에게 가시화되고 구체적인 것이 된다. 더이상 추상적이고 완곡하고 불투명한 상징(그 증상)이 아니기 때문에, 그 증상은 더이상 상징으로서의 목적을 지니지 않을 것이다.

우리가 뭔가를 안다는 것이 무슨 이유로도 불가능하면, 우리는 이른바 '행동화(行動化, acting out)'라는 것을 한다. 이 행동화는 또 다른 형태의 증상에 불과하며, 무수히 많은 형태를 취할 수 있다. 이것은 남의 물건 훔치기, 문란한 성생활, 수동적 공격성(일부러 다른 사람들을 화나게 하는 것 같이 보이지 않으면서도, 자기가 진짜 그들을 화나게 하고 싶어하는지 잘 모른 채 다른 사람의 성질

소망과 여러 병리적 증상들

을 돋우는 행위) 같은 자기 파멸적 행동을 일삼는 등 다양한 형태로 드러난다.

　행동화가 이루어지는 과정을 추적하면 성격의 수수께끼를 조금 더 파악할 수 있으며, 성격의 모든 구조를 들여다볼 수 있다.

성격의 형성 과정에 관해 지금까지 파악한 정보

　　　　　우리가 알고 있는 성격의 핵심적인 구조, 즉 골격에 대한 유용한 정보는 다음과 같은 사실에 근거를 두고 있다.

- 인생 초기에 순응의 개념(우리 모두에게 적용된다)을 터득했으나, 그것은 나중에 마음 깊이 쌓이는 분노를 자아낸다. 그 분노는 나중에 일련의 과정을 촉발시켰고, 이것을 분석한 결과 우리를 보호해주고, 우리가 세상에 적응할 수 있도록 해주는 성격적 특성이 정리되었다. 이것은 우리의 성격적 특징, 즉 성격의 골격이 되고, 성격에 관련된 나머지 요소들(감정, 사고방식, 욕구, 충동, 태도, 성적 취향 등)은 그 골격에 부합하거나, 교차하거나, 상호작용한다. 이 개인적 성격의 분석 결과를 '성격적 특성character traits'이라고 하는데, 여기에 윤리나 도덕적인 의미는 없다. 오히려 개성의 특징을 뜻하는 특성이라는 말을 써서 성격적 특성이라고 부른다.

게다가 주변의 모든 것에 스며 있는 쾌락 원리 때문에 우리는 소망에 매달려 살 수밖에 없고, 어떤 소망도 우리가 그것을 원할 때 (혹은 아예) 현실화되지 않을 것이라는 예상 때문에 결국 여러 증상, 즉 심리적·감정적 증상들의 출현으로 이어지는 하나의 과정이 생긴다.

이 과정에는 반사적 반응과 변형들이 포함되어 있다. 변형들은 다음과 같다.

- 모든 소망들(하찮은 소망들도 포함)은 다 중요하다는 왜곡과 모든 불편(매우 하찮은 불편도)은 골칫거리며, 단순히 짜증으로 끝나지 않는다는 왜곡을 한다. 이런 의미에서 볼 때, 중요한 소망(즉 모든 소망)의 좌절과 골칫거리는(전체적으로 보아 짜증스러운 일에 불과할지라도) 분노를 불러일으킨다. 또 이런 분노를 억압하면 항상 성격의 감정적·심리적 측면의 증상들이 생긴다. 게다가 그 증상의 본질을 밝혀내고 나아가 성격의 여러 측면을 밝히려면 '알기'라는 이슈와 관련해 '행동화'라는 문제의 본질을 분석하는 것이 중요하다.

분노 억제와 행동화의 문제 때문에 우리는 추가로 전체적인 성격의 구조와 그것의 결과에 대한 분석 작업에 나서지 않을 수 없다.

소망과 여러 병리적 증상들

성격의
구조

성격의 구조를 설명한 이 책의 첫 부분에서 '성격이 무엇을, 왜 형성하는가?', 다시 말해 '어떤 바탕, 즉 기억하기, 순응, 충동의 억제, 억제에 관한 분노, 분노의 억압, 쾌락 원리를 반영하는 소망의 중요성, 그리고 증상의 발달과 행동화 과정을 통해 드러나는 좌절된 소망의 결과 등 위에서 성격의 구조(뼈대)를 조성하는 것이 필요한가?'라는 내용을 이미 분석했다.

다음 장에서는 행동화의 본질, 그리고 이 분석이 어떻게 성격의 전체 구조를 이해하는 바탕이 될 수 있는지 설명할 것이다. '행동화'의 본질을 분석하면 성격의 여러 요소 중에서 충동이 최고 지위에 군림하는 과정과 이유를 알 수 있다. 덧붙이자면 이것은 방어기제의 작동과 밀접한 관계가 있음을 강력히 시사한다. 나아가 현실에서 우리의 소망이 좌절될 수 있지만, 그럼에도 불구하고 정신(또는 우리의 마음) 속에는 어떤 소망도 부인되지 않는다는 사실, 다시 말해 정신은 우리의 소망이 신경증적으로, 또는 비딱하게 변형된 형태나 하나의 감정적·심리적 증상으로서 충족되기를 고집한다는 것을 알게 될 것이다.

흥미롭게도 정신 치료로 치료될 수 있는 유일한 현상(또는 병)은 심리적·감정적 증상이다. 공포증이나 강박관념, 또는 침투적 사고가 여기에 해당될 것이다. 나머지는 환자가 삶에서 부딪히는 여러 문제들과 더 잘 싸울 수 있도록, 즉 더 효율적으로 싸워 더 큰 성공을 거둘 수 있도록 지원하는 시도에 불과하다. 인생 자체는 치료할 수 없다. 치료할 수 있는 것은 증상뿐이고 그 외에는 아무것도 없다. 단지 더 잘 싸우는 것이 치료의 목표다.

소망과 여러 병리적 증상들

CHARACTER

_ 3장 _

행동화

행동화는 '알기'가 아니라 '실천하기'를 의미하며, 그 이상도 그 이하도 아니다. 이 말은 어떤 사람이 다른 사람들은 물론 자신에게도 나쁜 짓(예를 들어 거짓말하기, 남의 물건 훔치기, 성적으로 문란한 행동하기 등)을 지속적으로 행할 때, 그리고 이런 행동이 그 사람의 충동이 자제력과의 대결에서 승리했음을 나타낼 때의 행동들을 가리킨다.

아울러 이 말은 '행위의 실행'이 '어떤 것을 아는 것' 대신 이루어진다는 뜻이기도 하다. 즉 그 행위가 어떤 사람이 바로 타인에 대한 느낌, 더 정확히 말하면 또 다른 사람에 대한 느낌과 관련해 어떤 통찰력을 갖지 않고 그것을 대신해 이루어졌다는 뜻이다.

'행동화'의 이런 정의 덕분에 우리는 '우리의 정신(마음)이 고통스러운 개념들이 의식화되는 것을 막기 위해 어떤 자기 방어기제를 사용했는가?'라는 문제의 단초를 이해할 수 있다. 이것이 문제의 핵심이다. 알기와 통찰력이 있어야 할 자리에 정신은 끊임없이 '많은 실행할 짓들'을 창안했다. 그리고 당사자는 이것 덕분에 꾸준히 외부 자극이 이어지는 상태에 놓여 있을 수 있고, 본질적으로 자아에 대한 통찰력을 얻는 상태를 회피할 수 있다.

통찰력 문제는 매우 중요하다. 통찰력이 어떤 증상을 치료할 수는 없지만 사람은 숲에서 빠져나갈 방법을 아는 데 통찰력을 통해 필요한 지침을 갖게 된다. 통찰력이 있으면 우리는 어디가 출구인지 알 수 있으며, 출구를 발견하면 빠져나가기 위해 걷기 시작해야 한다.

당신이 성공하려면 통찰력을 얻기 위한 행동을 해야 한다. 따라서 '알지 못하는 것'은 우리를 길에 대한 정보도 없이 숲에 갇힌 신세를 벗어나지 못하게 한다. 행동화와 관련해, 어떤 것에 대해 이처럼 '알지 못하는 상태'는 통찰력이 발생하는 데 필수적인 요소다. 행동화는 어떠한 길 정보도 없이, 즉 통찰력이 없는 상태에서 같은 자리를 맴도는 것과 비슷하다.

그러므로 행동화는 하나의 증상으로 취급받을 자격이 있다. 사실 행동화는 소망의 외적 표현이라고 할 수 있다. 한 증상의 형성 과정에서 당신이 품고 있는 소망은 당신이 '당연히' 특정 인물에게 분노를 느낀 이후, 하나의 증상으로 변형되거나 크게 탈바꿈되거나 또는 변화된다는 뜻이다. 그 사람은 물론 당신이 자신의 소망을 충족시키지 못하도록 방해하는 사람이고, 소망을 좌절시킨 사람일 것이다.

이유가 어찌되었든 자신의 분노에 대해 솔직하지 못하면 당신은 반드시 반사적으로 그 분노를 억압해 감추게 될 것이다. 그러면 분노는 무의식의 영역으로 들어가고, 나중에 그 좌절된 소망을 변장한 형태로 변형시키는 역할을 한다. 그리고 변장한 형태를 취한 소망은 충동이나 공포증 같은 증상, 거짓말하기, 물건 훔치기, 아니면 불법 행위나 비행 같은 '행동화'된 증상으로 모습을 드러낸다.

이 같은 행동화된 증상의 경우, 당사자가 어떤 비행을 저지르든 항상 그 사람의 변장된 형태의 소망이라고 볼 수 있다. 이 증상을 제대로 이해하려면 우선 소망 외에 그것을 둘러싼 예상되는 긴장을 파악해야 한다.

성격상의 방어기제들과 긴장

모든 행동화의 변종들, 사람이 가지고 있는 모든 소망 욕구들, 성격 형성 과정에서 작용하는 모든 억압들, 성격상의 모든 방어기제들(일시적이고 순간적이고 감정적인 반응들을 자아내는 방어기제는 물론, 근본적인 태도의 발전을 초래하는 방어기제들을 의미한다)은 긴장 상태와 직접적으로 관련되어 있다.

긴장과 그 결과에 대해 설명하자면, 성격 형성에 작용하는 쾌락 원리(소망의 충족을 추구하는 데 잘 예시되어 있듯이, 완벽한 쾌락을 추구하는 인간의 속성)는 긴장의 제거를(긴장이 제로 상태로 내려갈 때까지) 추구한다. 쾌락의 원리가 '생의 본능(종족 보존 본능과 자기 보존 본능-옮긴이)'과 관련되어 있는 반면, 긴장의 완전한 제거, 즉 긴장의 제로 상태는 '죽음의 본능(자살하려는 경향-옮긴이)'에 대한 새로운 이해로 볼 수 있다는 프로이트 사상이 바로 이것을 의미한다.

우리의 마음속에서는 이 쾌락 원리 때문에 어떤 소망도 부정되지 않는 반면, 실생활에서의 소망은 매우 자주 부정된다. 따라서 결과적으로 긴장의 상승을 초래한다. 충족된 소망은 쾌락의 원리에 따르면 긴장의 부재와 같은 의미뿐 아니라 권력 획득이라는 의미를 나타내기도 한다.

따라서 우리가 정신psyche 속에서 추구하는 목표는 항상 긴장의 수준을 낮추는 것이다. 그리고 이 긴장이 하락세인지 아닌지는 언제나 쾌락 원리가 내리는 무언의 지시로 결정된다. 따라서 행동화 행위가 표현되면(많은 증상들의 경우도 마찬가지지만), 긴장은 약화된다. 예를 들어 어떤 증상은 내면화acting in의 결과로 정의할 수도 있다. 이 경우 행동화된 형태로 표출되는 것은 억압되는 분노를 동반하는, 좌절된 소망이다. 따라서 사람이 행동화 행위를 하는 목적은 긴장을 피하는 것이 전부라고 말할 수 있다. 다시 말해 이 행동화 때문에 그 사람은 긴장을 일으킬 수 있는 어떤 것을 알지 못하는 것이며, 행동화는 (좋은 일은 아니지만) 긴장이 바로 사라지게 만드는 현상이 된다. 이에 대한 좋은 사례는 칼로 찌르기 같은 자해 행위의 증상에 대한 분석에서 찾아볼 수 있다. 행동화하는 사람(칼로 찌른 사람)은 항상 예외 없이, 자해 행위를 한 뒤 긴장이 완화되었다고 보고한다. 이 행위는 칼로 찔러 긴장을 완화시키려는 갑작스럽고 강박적인 생각과 칼 찌르기라는 강박적 행위 자체를 나타낸다.

칼을 휘두른 사람은 이것이 대체 무슨 일인지 결코 이해하지 못한다. 통찰력이 없는 것이다. 통찰력이 있는 사람이라면 그 행위의 의미에 대해 토의한 다음 통찰력을 바탕으로 행동화 계획을 극복하기 위해 노력해 정신이 선택한 쉬운 방법(칼로 찌르기는 비록 비뚤어진 형태이긴 하나, 소원을 성취하려는 행위를 나타낸다)이 보다 더 성숙한 행위로 대체될 수 있을 것이다.

우리의 정신에는 1차원적인(표피적인) 성격이 있는데, 그것은 항상 직접적이고 지속되는 긴장을 줄이기 위해 애를 쓰게 되어 있다. 여기서 그런 정신의 명령이 실제로 그 사람에게 좋은가 나쁜가는 문제가 되지 않는다.

정신은 1차원적 문제에 반응하는데, 성격 안에서 직접적인 긴장을 줄이는 것은 그 사람의 자존감을 키워주고, 나아가 그 사람에게 안전감과 유쾌한 기분을 제고하기 위해서다. 정신(쾌락의 원리로부터 명령을 받는다)은 소망(쾌락 원리의 주요 대표격)이 충족되기를 바란다. 자아와 관련해 생각해보면, 일관된 소망은 긴장감이 없는, 편안한 기분을 추구하는 목표와 관련이 있다.

긴장과
걱정의 본질

성격 안에서 조성되는 긴장을 언급할 때 우리는 걱정의 본질을 깊이 생각한다. 걱정은 성격역동性格力動의 거의 모든 측면과 관련되어 있다. 일상적인 대화에서 긴장과 근심은 서로 교체해 사용될 수 있지만, 의료계에서 쓰는 것처럼 긴장은 일반적으로 서로 반대되는 기분이 그 사람을 압박하거나 팽팽하게 당긴다(서로 다른 두 개의 가치 사이에서 결정해야 하는 경우처럼)는 의미의 갈등을 나타낸다.

반면에 근심anxiety이라는 용어는 agon이라는 그리스 단어에서 유래되었다. agon에서는 'anguish(괴로움)'와 'agony(고통)'라는 단어들도 유래했다. 근심은 또 angst라는 독일어와도 관련이 있는데, 이 단어는 존재론적 어휘인 'fear(두려움)' 'terror(공포)'와 유사한 의미를 나타낸다.

근심은 의학 용어로 잘 쓰이는 편인데, 이는 근심이라는 단어에 어떤 행위 또는 임박한 행위에 대한 불안감은 물론, 심리적 현상과 정신의학적 진단으로 구체적으로 연결되는 불안감이 암묵적으로 언급되어 있기 때문이다. 예를 들어 단순한 긴장이 아닌 근심은 공황에 더 밀접하게 관련되어 있으며, 그런 근심이 존재한다는 것은 그것이 변신의 징후, 즉 밑에서 시작된 분노, 억압된 채 무의식에 숨어 있는 분노에서 유래되었다는 사실을 암시하는 단서가 될 수도 있다. 이런 점에서 근심은 억압된 분노 밖으로 자신의 존재를 드러내는 존재라고 할 수 있다.

근심은 신체적 폐해와 함께 많은 감정적·행동적 교란을 불러일으키며, 개인이 역량을 마음껏 원활하게 발휘하는 것을 저해할 수 있다. 게다가 근심의 존재는 흔히 '각종 병리현상(장애들)이 그 사람을 정신적으로 괴롭히고 있을지도 모른다.'라는 보다 심각한 문제의 신호가 되기도 한다.

심리적인 장애를 이해하는 도구로 '근심'이라는 어휘를 사용하는 것은 역사적인 측면에서 볼 때 중립적인 조건을 반영하는 것으로 여겨지기도 한다. 다시 말해 어떤 사람이 정신병과는 전혀 관계없는(전혀 광기가 없는) 맥락에서 어떤 근심을 경험한다면, 이 경험된 근심이 존재한다는 사실 자체가 강한 공포심(노이로제)의 존재를 확인해주는 강력한 표시다. 노이로제에 걸렸다는 진단을 받았다면, 환자로 추정되는 그 사람이 지나친 근심을 경험했다는 사실을 실제로 보여주거나 인정한 것으로 간주된다.

성격의 형성 과정에서 고통스러운 근심의 존재는 즉각적인 영향을 미친다. 우선 근심은 사람이 주의력을 지속하는 시간, 기억력, 그리고 좌절을 견디는 능력 등에 영향을 줄 것이다. 이런 경우 그 사람의 인내력은 약간 지장을 받을 수도 있고, 심하면 완전히 망가질 수도 있다. 물론 손상의 결과는 우울하고 움츠러드는 반응, 학업 부진, 실직, 분노 반응에 대한 자제력의 상실, 그리고 일반적인 인간관계를 유지하지 못하는 등의 여러 증상을 통해 잘 드러난다.

행동화 행위를 생각하면, 근심의 모든 양상은 매우 중요할 것이다. 따라서 근심의 나쁜 영향을 분석할 때는 근심이 행동화(충동적이거나 나쁜 짓을 하는 것)되었는지 또는 근심이 신체화되는 경우(신체적 증상들 같은 신체적인 표현으로 발전하는 것)처럼 내재화되었는지에 대한 고려가 필요하다. 두 경우 모두 당사자는 이런 종류의 근심을 의식적으로 경험하지는 않을 것이다. 하지만 이는 행동으로 전환되고, 근심을 외면화(행동화) 또는 내면화함으로써 나타난다. 두 경우 모두 당사자가 더욱 치유 효과가 큰 과정을 창조하는 대신 근심을 이런 방식으로 관리하겠다고 심리적으로 선택하면 결과적으로 병적인 측면이 조장될 것이다.

행동화 또는 내면화는 본질적으로 행동으로의 도피 같은 개념 인데, 이것은 근심이라는 난제를 해결하기 위한 역逆공포 접근법 (공포스러운 상황이나 장면을 스스로 찾는 방법-옮긴이)으로 볼 수 있다. 즉 근심이 당사자에게 너무 위협적이어서 일종의 반사적인 '도피' 행위가 일어난다는 뜻인데, 여기에서 도피 행위는 억압이 이루어지지 않아 무의식에 잠겨 있는 중요한 경험이 의식의 세 계로 표면화될지도 모르는 가능성에 대항하는 행위를 가리킨다.

이런 가능성(무의식에 잠겨 있던 어떤 경험이 의식될 가능성)과 관 련된 불편한 마음, 즉 긴장의 측면에서 볼 때 행동화는 그런 긴장 이 진짜 근심의 상태로 바뀔 것이라는 예상을 약화시킨다. 당사 자는 앞뒤 가리지 않고 도망치듯 행동화를 취해 그런 근심의 상 태에서 벗어나려 하기 때문이다.

행동화 계획이 성공하면 모든 긴장은 당연히 제거된다. '모든 긴장'이라는 말은 모종의 사건이 발생할 수는 있지만 반드시 발 생해야 할 필요는 없다는 다소 막연한 느낌을 준다. 즉 무의식에 숨어 있는 경험이 수면 위로 드러나는 사태는 행동화 또는 내재 화 행위로 막을 수 있음을 나타낸다.

이와는 반대로 근심을 겪지 않고 성격이 보다 원활하게 형성 되면 그 사람은 어떤 문제가 긴장을 야기해도 상황을 신중하게 생각할 수 있다. 문제의 핵심은 이것이다. 어떤 사람이 상당히 큰 자아강도(自我强度, 원초아, 초자아, 그리고 현실의 경쟁적 요구들에도 불구하고 자아가 기능하는 능력-옮긴이) 때문에 문제를 신중하게 생각할 수 있다면(그렇게 함으로써 그 문제에 당연히 따르는 긴장을 견딜 수 있다면), 어떤 행동화(내적으로 금지된 감정과 소망, 혹은 너무도 괴로운 공포, 환상, 기억 등과 연관된 불안을 다스리려는 무의식적 욕구가 촉발한 모든 외적 행동-옮긴이)나 내면화가 일어날 가능성은 크게 줄어든다. 따라서 그 사람의 성격 속에 있는 다양한 성격적 구성 요소들은 더욱 정상적으로 형성될 수 있다. 이런 사람들이 일부 사람들에게 행동화 행위를 필요하게 만드는 긴장은 십중팔구 진정한 근심으로 발전하지 않을 것이다.

불행하게도 행동화 또는 내면화 행동은 실제로 근심을 제거하는 효과가 있다. 그러나 이것은 눈 가리고 아웅하는 식의 방어기제에 불과하다. 행동화나 내면화 행동은 성격이 원활하게 형성되는 것을 어렵게 만들 뿐이기 때문이다. 오히려 그런 병적 행동은 사태를 더욱 악화시키고, 아울러 근심이 본인에게 무엇을 의미하든 그 근심을 직시하지 못하는 본인의 무능력을 받아들이기 위한 치료의 필요성만 키울 뿐이다.

당사자는 근심을 억누르고, 그것을 행동화 행위로 표출하려는 본인의 반사적인 반응 때문에 근심 자체를 경험하지는 않는다. 그로 인해 그 사람은 근심의 경험이 보다 원활한 기능 발휘를 위한 분석과 해결책 마련에 도움이 되는 노이로제에는 안 걸릴 테지만, 대신 소위 말하는 성격 문제(character problem, 근심을 제외한 행동 패턴)를 겪게 될 것이며, 간혹 여러 병적 증상들을 보일 수도 있다. 이 모든 증상들은 물론 근심을 경험하지 않기 위해 발생한다.

성격 안에서의
충동 관리

현실적으로 행동화 증상의 최종 결과가 그 사람의 행동화 행위에 중대한 문제들을 안겨줘도, 그 행위가 이루어지는 동안에 얻는 경험 자체는 쾌락을 추구하는 행위이며, 정신이 꾸민 일종의 '심리적 속임수(행동화 행위 자체)'를 통해 긴장을 모면하려는 매우 실용적인 심리적 시도다.

그 심리적 속임수는 물론 그 사람의 염려나 긴장을 약화시키거나 줄여준다. 따라서 정신은 쾌락 원리를 구현하기 위해 점진적으로 구축된, 그러나 딱히 윤리 및 도덕적 기준에 의해 견제와 균형이 이루어져 있다고 볼 수 없는 심리적 구조물 위에 바탕을 두고 있다고 해도 과언이 아니다. 정신의 이런 전략은 간혹 현실적으로 당사자가 생각하는 최선의 이익에 부합하지 않는 경우도 있다. 하지만 정신은 오로지 그것이 그 사람의 자아를 보호하는 것이라고 알고 있기 때문에 이런 현상을 보인다.

이것은 또 정신이 성격의 방어기제를 이용하는 사례이기도 하다. 합리화(본인이 느끼는 동기 부여나 실행한 행위에 이유나 변명을 갖다 붙이기), 투사(投射, 자기 내면의 모습 중 보고 싶지 않은 것이 남에게서 보일 때 그것을 탓하는 것), 치환(또는 전치, 어떤 대상 때문에 느꼈던 감정(주로 나쁜 감정)을 다른 대상에게 전이하는 것) 같은 방어기제들은 긴장을 억제하고 근심이 형성될 가능성의 싹을 자르기 위해 자기 감정을 관리하는 방식으로 작동한다.

이 같은 긴장(그리고 잠재적인 근심)에 대한 통제는 긴장(그리고 잠재적인 근심) 억제의 중요성을 우리가 충동에 대한 성격의 통제를 측정하는 정신의 기능으로 분석해야 하는 단계까지 끌어올렸다. 이런 통제 대 충동의 비율은 성격의 구조에 영향을 줄 수 있다는 점에서 매우 중요하다.

사람이 사회적 존재로 발전하는 과정에서 핵심이 되는 문제는 '우리가 충동을 느낄 때(그리고 충동도 표시되기를 원할 때) 그 충동(순간적으로 터져 나오려는 충동)을 표현하려는 우리의 갈망을 통제하는 방법, 그리고 우리가 충동을 억제하기 때문에 발생할 수도 있는 스트레스·긴장과 더불어 충동을 관리하는 능력을 어느 정도나 내재화했는가?' 하는 것이다.

충동을 억제해야 하는 상황에서 그것을 표출하고 싶어하는 욕구가 생기면 그것은 당연히 스트레스를, 간혹 엄청난 스트레스를 야기한다. 따라서 성격 안에서의 충동 관리(성격의 구성에 매우 중요하다)는 내재화된 특정한 통제 행위를 통해 이루어진다.

충동과 감정은 오로지 자체의 내부 명령만을 이해한다는 점을 명심할 필요가 있다. 이것들은 이른바 문화생활을 위한 사회적 통제의 대상이 아니다. 앞에서도 언급했지만, 예컨대 두려움은 자신이 달아나기를 원한다는 것만 알며, 분노는 자신이 공격하기를 원한다는 것만을 안다. 따라서 통제의 문제는 성격 형성을 이해하는 데 매우 중요하다.

다음 장에서는 충동, 그리고 성격 안에서 충동과 내재화된 통제가 어떤 관련이 있는지를 분석하겠다.

CHARACTER

4장

충동과
억제의 대결

이 장에서는 성격 내 충동들 사이에 매우 중요한 상호작용이 이루어지고 있으며, 충동들을 통제 및 규제하는 능력에 관련해 동원할 수 있는 각종 자원들에도 불구하고 계속 외부로 표출되려고 안간힘을 쓰고 있는 개념을 분석하려고 한다.

우리는 충동이 본능 및 감정과 비슷하며, 흥분시키는 성향이 있는 정신의 활기찬 산물이라는 점을 알아야 한다. 공격, (분노 때문에 생긴) 적대감, 그리고 성욕의 충동이 여기에 속한다. 이런 충동들은 대체로 조바심, 성급한 마음, 다급한 만족 욕구를 추구하는 성향과 긴장의 해소에 대한 보편적인 욕구를 수반한다.

충동이 강렬해지고 축적되기 시작하면, 그 사람은 특정 행동(충동적 행위)을 하는 방향으로 기울어지며, 그것은 나중에 행동

충동과 억제의 대결

화가 발생할 확률을 크게 높여준다. 게다가 충동이 마음을 지배하게 되면, 판단 착오와 허약한 욕구 불만에 대한 내성耐性이 머지않아 필연적으로 그 사람의 행동 동기·의사결정·행위의 특징이 될 것이다.

나중에 유해하더라도 충동적으로 행위를 행동화하면 실제로 그 사람의 근심은 줄어들 것이다(이는 정신이 처음부터 의도한 목표다). 문제는 사람이 행동화를 통해 전체적인 긴장을 줄일 수는 있지만, 행동화는 기본적으로 결함이 있는 성격의 산물(의심의 여지 없이 병적인 경우가 많다)이기 때문에 그 사람의 성격에 장애가 있다는 사실을 거의 언제나 반영한다는 것이다. 이것은 일반적인 긴장의 감소는 물론, 특정한 근심의 배제도 사람을 기분 좋게 하지만, 문제들을 직시하고 해결하기 위해서는 긴장 또는 근심을 유지하는 것이 불가피할 때가 많다는 사실을 시사한다.

따라서 '어떤 사람의 성격이 형성되는 과정에서 충동과 억제 중 어떤 것이 지배적인가?' 하는 문제는 그 성격을 특정 스타일로 진단하는 데 매우 핵심적인 요소가 된다. 예를 들어 그 사람의 성격이 나중에 상당한 수준의 감정 통제형 또는 상당한 수준의 감정 통제 불능형 스타일로 드러날지, 그 사람이 충동을 참고 보다 생산적인 목적을 달성하는 데 인내를 활용할 능력이 있는지 등을 판단하는 경우가 그렇다.

비교적 적응 능력이 있는 사람들(대다수가 그렇다)은 충동과 억제 사이에서 상당히 편안한 마음으로 왔다 갔다 한다는 것이 사실이고, 이런 변화 또는 변덕스러움은 중요하다. 사람의 충동은 항상 밖으로 표출되기를 꾀하는 반면, 억제력은 그런 표출을 관리하고 심지어 저지하기 위해 존재하기 때문이다. 충동과 억제 사이에서 벌어지는 갈등 덕분에, 우리는 그 사람이 겪고 있는 일반적인 긴장 상태는 물론, 특정한 종류의 근심 상태도 알 수 있다.

충동과 억제 사이에서 이 두 요소와 정상적으로 상호작용을 한다는 것은 그 사람이 일종의 심적 평형 상태를(비대칭을 이루는 경우도 있지만) 발전시킨다는 뜻이다. 하지만 심적으로 어떤 때는 충동이 지배적이었다가, 또 어떤 때는 억제심이 지배적으로 작용하는 등 외부 상황의 변화에 따라 간혹 달라지기도 한다. 우리가 통제할 수 없는 변화가 일어날 경우 충동이 마음을 거의 지배하므로 행동화 현상이 일어날 가능성도 증가한다. 하지만 긍정적인 기능 발휘의 가능성은 감소할 것이다.

성격을 형성하는
충동

충동은 대체로 다급한 성질을 지녔으며, 따라서 충동에 따라 행위가 이루어지면(대체로 행위도 다급하게 이루어진다)

사람의 인식·생각·판단 등은 충동의 부정적인 영향을 받을 가능성이 크다는 점을 명심해야 한다.

따라서 충동이 마음속에 침투하면 교란이 사람의 성격에 결합해 성향 또는 버릇으로 발전하고, 나아가 통제 불능형 스타일의 성격을 형성하는 데 기여할 만큼 지적 활동 및 인지 활동에 나쁜 영향을 준다. 물론 억제가 충동을 지배하는 사람의 버릇은 그에 상응해 성격에 융합되고, 나아가 더욱 통제된 성격 스타일을 형성하는 데 기여한다.

분노 충동

공격, 적대감, 조급한 마음, 성급함의 충동과 즉각적인 만족을 위한 충동의 표출 욕구 등은 크게 분노 충동이라는 범주에 다 포함시킬 수 있다.

여기에는 공상의 되새김 현상, 즉 자기 공상 속에서 분노와 그와 관련된 비슷한 성격의 기분과 행위들(예를 들어 복수, 질투심, 증오, 승부욕, 우세, 비아냥거리기, 싸움을 좋아하는 성향 등)을 끊임없이 표현하는 행위도 포함된다. 그리고 이런 분노의 감정은 보상적 행위로, 병적일 만큼 과도한 성공 추구 행위를 통해서도 표출된다. 어떤 사람이 안고 있는 근심의 성격과 정도는 분노 충동이 표출된 과정의 결과로 간주할 수도 있다. 즉 기분이나 환상으로 간주할 수도 있으며, 행동화 행위로 간주할 수도 있다.

성적 충동

성적 충동은 육체적 욕망을 채우려는 충동으로, 이것 역시 만족을 얻기 위해 애를 쓴다. 여기에는 쾌락의 판타지, 권력 외에 문자 그대로 성적인 판타지가 관련되어 있다. 판타지와 권력은 성생활에 관련된 근심을 통제하거나 누그러뜨리기 위해 사람의 마음속에 만들어진 것이다.

성적 충동이 행동화된 사례들은 과도하거나 상습적인 자위 행위, 변태 행위, 난잡한 성관계 등이다. 또한 성적 충동의 행동화는 판단력·기획 능력·집중력·기억력 등에 부정적인 영향을 끼칠 수도 있다. 일반적인 의미에서 성적 충동을 이성적으로, 정상적으로 억제하지 못하면 자기를 성찰하고 인생의 중요한 문제들을 깊이 생각하는 능력이 크게 저해될 수 있다.

다양한
억제 수단들

충동과 억제가 어떻게 균형을 이루고 있는지를 측정하기 위한 것으로 '성숙도 지수'가 있다. 예를 들어 충동 지배적인 성격의 소유자는 정도의 차이는 있을지언정 기본적으로 미숙한 반면, 억제 지배적인 성격의 소유자는 아마도 유복한 사람일 것이라는 이야기다. 그런데 만약 억제 지배적인 성격의 사람이 가혹할 정도로 자제력을 발휘하면, 그 사람 역시 미숙한 사람으로 여겨질 수 있다.

따라서 생활의 압박을 견딜 수 있는 성격, 순간적인 충동에 굴복하지 않고 자기 만족감을 잠시 뒤로 미룰 수 있는 성격, 그리고 총체적인 의미에서 그 성격이 융통성 있고 일상의 삶에서 오는 압박을 견딜 수 있도록 충동 대 억제의 비율이 현실적으로 실행 가능하고 균형 잡힌 비율인 성격을 반드시 지니기 위해서는 적절한 균형이 필요하다.

충동과 억제 사이의 균형은 당연히 성격 안에서 억제가 충동보다 더 좋은 자리에 있고 더 강해야 하며, 이익의 관점에서 충동 관리가 되도록 다양한 억제 수단이 필요하다는 뜻이다. 다음은 성격의 다양한 측면에서 파생된 억제의 종류를 정의한 것들이다.

인지 제어·조절

인지(사고 및 지적인 요소) 제어에는 사람이 어떤 것을 시도하거나 목표를 추구하는 과정에서 나타나는 집중력과 일관성 등이 속한다. 이런 의미에서 성취하려는 목표는 목표를 겨냥한 행동들을 실천에 옮기는 사람의 능력과 긴밀하게 연결되어 있다. 일반적으로 상당한 언어 능력 같은 특별한 지적 기능, 그리고 형편없는 판단과 훌륭한 판단을 구분하는 능력의 관점에서 고려된다.

자아 억제

대체로 자아가 주도하는 억제는 사람의 균형 상태(충동에 대한 억제)를 균등하게 유지시켜주며, 당사자가 직접적으로, 그리고 그런 목표를 향한 우회로가 없을 때도 목표를 달성하기 위한 행동들을 지속적으로 실천할 수 있게 해준다. 또 자아의 억제 기능 덕분에 사람은 좌절을 경험할 수 있고, 좌절에 부딪혔을 때 그 고통을 견딜 수 있으며, 그에 따라 본인에게 절실한 만족을 상황에 따라 필요한 기간만큼 뒤로 미룰 수 있게 된다는 것을 의미한다.

억제 수단으로서의 방어기제

방어기제는 근심을 포함해 특히 일시적인(또는 금방 지나가는) 감정들을 관리하고, 규제하고, 억제하기 위해 우리 마음속에 만들어진 수단이다. 이 방어기제의 기능 덕분에 우리는 감정이 희한하게 꼬이도록 방치하지 않고, 합리적으로 표현할 수 있는 형태로 유지함으로써 감정을 통제할 수 있다.

억제 수단으로서의 인격 또는 성격의 특성들

오래 지속되는 억제의 패턴으로 행동 패턴의 형태를 취하고 있으며, 적극적 특성과 수동적 특성으로 나눌 수 있다. 강박적 성격 스타일에서는 적극적 특성들을 볼 수 있지만, 소극적 스타일에서는 현실 도피적인 특성들이 보인다. 두 형태 모두 근심을 억제할 수 있게 구조화되어 있다. 성공적인 억제는 근심이 자유롭게 돌아다니도록 놔두지 않고, 그것을 한곳에 붙들어 매는 일련의 행동 패턴으로 이루어져 있다. 이런 패턴은 다음과 같은 특성을 띠는데, 그 중에는 억제의 영역에 속하는 것도 있고, 충동의 영역에 속하는 것도 있다. 내용은 달라도 목적은 똑같이 근심을 억제하는 것이다.

- **충동을 일로 전환하는 특성** 충동을 성실성, 책임감, 부지런함으로 승화시키는 특성이다.
- **충동 특성** 공격성과 즉각적 만족의 필요성이 포함된다.
- **쾌락 지배형 특성** 쾌락주의(쾌락 추구하기), 황홀한 생각, 사교성, 낙관주의 등이 포함된다.
- **분노 지배형 특성** 공격적이면서 수동적인 행위, 적대감, 반골기질, 반항심, 완고한 성질, 싸움을 좋아하는 기질, 시무룩한 성질, 호전성 등이 포함된다.
- **공포 지배형 특성** 공포 반응, 조심성, 수치심, 소심함, 자의식, 비관주의, 복종심 등이 포함된다.
- **의존심 지배형 특성** 공경심, 의존성과 애정 추구성 등이 포함된다.

억제 수단으로서의 공상

기분과 실제 행동이 일치하지 않는 것에 따르는 갈등을 누그러뜨리며, '행동' 대신 '생각'이 이루어진다. 공상이 만들어낸 거창한 기분을 통해 억제가 이루어진다. 이런 상상 속에서 이룬 성공이 근심을 무력화한다.

억제 수단으로서의 두려움
공황 심리를 억제하기 위한 공포증의 등장이 포함된다.

이와 같이 억제 수단의 출처는 매우 많고, 성격 내에서 숫자로만 따지면 생물학적으로 얻은 충동보다 훨씬 많다. 그러나 밖으로 표출되고자 하는 충동의 노력은 우리의 유전적 구조 및 생물학적 구조에서 큰 부분을 차지하기 때문에 충동과 억제 사이에서 더 큰 균형을 유지하는 것은 물론, 충동을 더욱 성숙하게 억제하려면 이 모든 억제 수단이 필요하다.

따라서 사람의 성격이 형성되는 과정에서 억제 수단이 충동과 근심을 어떻게 관리하고, 또 성격 내에서 행동화의 충동이 어떻게 누그러지는지 등을 파악하면 그 사람이 앞으로 더욱 감정 억제형 성격 스타일로 발전할지, 아니면 감정 통제 불능형 성격 스타일로 발전할지를 판단하는 데 도움이 된다. 물론 감정 억제형 스타일은 충동 대비 억제 우위의 결과를 나타낼 것이지만, 감정 통제 불능형 스타일은 반대로 억제 대비 충동 우위의 현상을 대변하는 비율을 나타낼 것이다.

뒤에서 다시 다루겠지만, 충동 길들이기의 문제는 성격을 체계화하는 데 특히 중요한 요소다. 실제로 충동에 대한 억제의 우위가 양호하면 성격 발달에 엄청난 도움이 된다. 이것은 '성숙도 평가'라는 이름으로 알려져 있다. 구체적으로 성격이 형성되는 과정, 즉 발달 중에 있는 성격을 하나로 모아둔 다양한 요소들이 정상적으로 발달하고 있는지를 평가하는 것이다. 이것과 유사한 개념으로 성격 발달이 정말 정상적으로 이루어지는지를 측정하는 지표를 '성숙도 지수'라고 부른다.

성숙:
충동 대 억제 지수

성격 안에 충동적인 요소들이 많으면 개인의 성격 발달은 강력하지만 미성숙한 행위들을 그대로 보유하는 것이므로, 더욱 성숙한 발달을 위해 충동적인 감정과 행위들을 포기하는 것이 아니라는 인식이 생길 수밖에 없으며, 또 이런 인식을 얻는 것이 타당하다.

이와는 반대로 만약 성숙도가 평범한 기대의 측면에서 봤을 때 증가했다면, 충동과 억제 사이의 균형은 억제가 우세한 쪽으로 기울 것이다.

그런데 억제의 요소가 지나치게 많고, 그것이 충동을 철저히 뭉개버린다면 이것 역시 발달이자 더 심각한 미성숙을 의미한다. 억제가 과다하면 오히려 평균 이하의 발달 상황을 유지하는 효과를 준다.

미숙한 성격:
충동 우위의 성격

성격의 충동적인 요소는 당사자가 약간 산만해지고, 무질서해지고, 강력한 행동지향적 성격을 띠는 원인이 된다. 아울러 이러한 특징은 좌절에 대한 평균 이하의 인내력과 밀접한 관계가 있으며, 따라서 신체적 표현에 대한 평소보다 강력한 필요성(그 나이에 맞게 남들이 바라는 것처럼 가만히 차분하게 있지 못하고 좌충우돌하는 성격)을 동반한다.

즉각적인 만족감을 뒤로 미룰 수 있는 능력이라는 매우 중요한 요소와 관련해 생각해봤을 때, 성숙하지 못하고 충동 지배형인 성격의 소유자는 객관적인 측면에서 본인에게 더 이익이 되는, 즉 장기적인 목표의 달성을 위해 만족감을 뒤로 미루는 것이 불가피한 상황에서 그런 능력이 충분하지 못함을 암시하는 다양한 증거들을 드러낼 것이다. 반대로 욕망과 욕구를 지연 없이 만족시키는 것은 충동 지배형인 사람의 전형적인 행동이 될 것이다.

사람의 성격에서 매우 중요한 특징과 관련해, 어떤 사람이 목표를 달성하게 하는 것은 목표와 관련된 즐거운 소망, 생각, 그리고 환상에만 의존하지 않고, 실질적으로 목표를 달성하기 위해 노력과 긴 안목의 행동 계획으로 실천하는 그 사람의 능력이다.

물론 미숙하고 충동 지배형인 사람들의 즐거운 소망은 그들이 근심을 관리하는 전형적인 방식이다. 이들에게 예견되는 고생과 긴장에 맞서고 좌절하지 않으면서, 목표를 점진적으로 달성하는 능력은 현실화되지 않은 가능성에 불과하다. 간헐적으로 발생하는 시행착오적인 시도 역시 이런 종류의 미숙하고 충동 지배적인 사람의 전형적인 특징이다. 그리고 간헐적인 시도 때문에 각고의 노력을 투입하는 현장에서 더욱 성숙한 시도들이 거의 무산된다. 그리고 성숙한 시도는 대체로 학습과 부단한 노력을 통해 달성된다.

따라서 성숙한 개인이라면 노력과 인내를 통해 얻는 권력 의식이, 미성숙하고 충동적인 성격의 소유자에게는 없다. 그런 성숙한 자질들이 있어야 할 자리에는 과도하게 황홀한 생각이나 소망을 비롯해 시간 낭비적 요소들이 가득 차 있다.

미숙한 성격:
억제 지배형 성격

만약 어떤 사람이 충동을 과잉 억제하는 데만 철저하게 전념한다면 그것은 미성숙한 태도를 초래할 것이며, 이런 미성숙 역시 성격의 발달은 불필요하거나 위험하게 인식되는 충동들을 가차 없이 짓밟고자 하는 욕구에 의해 간섭받고 있다는 증거가 된다.

성격 발달 과정에서 이런 과도한 억제는 필연적으로 그 사람이 행동 면에서 더욱 위축되게 만든다. 타성과 소극성이 이런 위축된 성향의 결과라고 할 수 있다. 조심성과 불안감 역시 모든 시도를 통제하에 두도록 당사자를 압박한다. 그런 사람의 표현·행동 레퍼토리 역시 압박 심리에 의해 부정적으로 영향을 받기 때문에 자발성과 모험심은 크게 줄어들 것이다. 게다가 억제의 요소들이 그 사람의 성격 구조 안에서 지나치게 두드러지면, 상습적이고 강박적인 특징을 비롯해 융통성 없는 모습과 사교 행위의 자제가 만연해지기 마련이다.

이런 사람은 목표를 충족시키는 방향으로, 충동을 행동으로 유도해 배출하는 능력이 결여되어 있다. 오히려 이렇게 엄격하고 위축된 억제 성향은 오로지 충동이 일어나 나쁜 영향을 줄 수 있기 때문에 위기감을 줄이는 데만 초점이 맞추어져 있다. 따라서 어떤 사람이 과잉 억제의 성향을 보인다면, 그 사람은 실질적으로 더욱 성숙하고 건설적인 억제 수단을 발달시키지 못했다는 것을 의미한다.

충동과 억제의
성숙한 균형

충동과 억제의 균형은 최대한 융통성을 발휘할 수 있어야 한다. 그런 균형은 당사자가 실제로 인식·사고·느낌·행동의 내적 원천을 통합해 효과적이고 성숙한 방식으로 바르게 사용할 수 있다는 징조로 봐도 무방할 것이다. 충동과 억제의 지수가 실제로 이렇게 성숙되고 균형잡힌 상태로 나타나는 경우, 그 사람의 성격 형성 단계에서 추가적인 발달이 이루어지면 이는 절대로 지체되지 않으며 성격 발달의 모든 단계와 수준을 만족시키는 최고의 기회가 된다.

균형은 사람의 성격 안에 큰 탄력과 융통성이 있으며, 아울러 양호한 상태의 방어수단이 있음을 반영한다. 성격 안에 있는 총체적 방어 체제의 발달은 일반적으로 에고의 기능과 능력을 좌우하는 핵심적 요소로 간주된다. 즉 긴장을 관리하고, 효과적으로 일하고, 정확하게 현실을 평가할 수 있는 능력을 나타낸다.

다음 장에서는 방어 체계에 대한 분석과 그것의 상관관계 및 기능에 대해 설명할 것이다. 앞에서 언급했듯이 이런 방어수단들은 성격의 발달과 작용에 매우 중요하며, 불가분의 관계를 맺고 있다.

CHARACTER

5장

방어기제

방어기제가 감정 문제를 다루는 과정에서 발전되었기에 특정 방어기제가 특정 감정과 관련 있을 수 있다는 말은 사실로 보인다. 그렇다고 해도 방어기제가 체계화된 방식은 상황에 따라 조정될 수 있으므로, 그런 방어수단들은 각각의 방어기제가 특정 감정을 어떻게 지배하고 있는지에 상관없이 많은 성격 유형들도 포함할 수 있는 한 틀의 범주로 통합해 설명할 수 있다.

성격 속에 있는 방어체계는 2가지의 뚜렷한 방식으로 충동을 억제하는 비율을 증가시킨다. 첫째, 각 감정을 관리하는 방어수단은 개별적인 것도 있고 집단적인 것도 있다. 둘째, 오직 특정 감정을 관리하는 데 그치지 않고, 개성과 성격적 특징 발달 과정의 일부가 된 방어기제들도 있다.

개별적인
방어기제들

구획화Compartmentalization

구획화는 성격의 여러 측면을 분리시켜 모순이 드러나지 않게
함으로써 근심을 줄여준다. 해리성 정체장애가 바로 이런 방어기
제에 해당하며, 히스테리성 인격도 마찬가지다.

부정Denial

부정은 다른 사람에 대해 부정적으로 인식할 가능성을 원천봉쇄
한다. 이것은 긍정적인 정보만 접수하려고 노력하는 사람에게 도
움을 준다. 부정은 또 히스테리성 인격 스타일을 오히려 부추기
는 요소로 자주 거론된다.

전치Displacement

주로 분노의 감정을 희석시키기 위한 용도로 사용되는 방어기제
다. 당사자는 책임·분노·공격의 대상을 덜 위협적인 대체 인물
로 돌린다. 이는 그런 감정들이 한 가지 또는 여러 가지 이유로
당사자에게 맞서기에는 너무 두렵기 때문이고, 더욱 위협적인 대
상에게 집중되지 않도록 하기 위해서다.

지성화Intellectualization

감정은 지적인 관심사에 대한 몰두와 이성적인 문제 해결을 통해 충분히 회피할 수 있다. 지성화는 대체로 집착하거나 강박적인 성격 스타일에 관련이 있으며, 고립·합리화·승화·취소 등이 포함된 방어기제 묶음의 일부가 되기도 한다. 이 묶음은 주변 환경을 통제하고, 과도한 근심과 충격을 초래할 수 있는 요소들을 최소화함으로써 기대나 예상의 감정을 관리하기 위해 작동된다.

분리Isolation

개념이 감정에서 분리되는 방어기제인데, 이 방어기제는 집착적이고 강박적인 성격 스타일에서 흔히 볼 수 있다.

투사Projection

자기 힘으로 직시하거나 견딜 수 없는 본인의 결함·느낌·충동 등의 원인을 다른 사물이나 사람으로 돌리는 방어기제다. 투사는 주로 망상양상태妄想樣狀態에서 관찰되는 방어기제인데, 사실상 모든 성격 스타일에서 찾아볼 수 있다.

합리화Rationalization

합리화를 방어기제로 사용하는 사람은 정당화하는 과정을 자주 겪는데, 이 과정에서 도저히 받아들일 수 없는 동기나 행동들이 논리의 탈을 쓴 설명을 통해 용인할 수 있고, 나아가 웬만한 동기나 행동으로 변한다. 이 방어기제는 말하는 스타일이 집착적이거나 강박적이라고 평가되는 개인들에게서 많이 찾아볼 수 있다.

반동 형성Reaction-formation

참을 수 없는 쾌락과 매력의 감정이 그것과 반대되는 감정으로 변형되면 당사자는 그것을 받아들일 수 있게 된다. 따라서 반동 형성 과정에서는 최초의 감정에 쾌락의 요소가 포함되어 있고, 그것이 본인에게 위험을 초래한다고 여겨지는 경우에만 본래의 감정이 정반대의 감정으로 변한다. 이 방어기제는 특히 성적 취향을 조절하는 경우가 여기에 속한다. 즉 본인의 성적 취향이 위험하다고 인식되거나, 사회적으로 금지된 상황처럼 어떤 면에서 사회 규범에 맞지 않는 경우다. 대인관계에서 빚어지는 어떤 상황이든, 일단 반동 형성이라는 방어기제가 발동되면 그 끌리는 감정(쾌락 또는 성적 취향)은 정반대의 감정, 예컨대 혐오감·역겨운 기분·불안감·불만 따위로 변할 것이다.

이 방어기제는 보상Compensation과 승화Sublimation라는 방어기제와 함께 조증 에피소드(한정된 기간에 병적이고 지속적으로, 고양되고 확대적인 짜증을 보이는 증상-옮긴이)를 경험하기 시작하는 사람들이 주로 우울증에 대한 방어수단으로 많이 사용한다. 이것은 우울증의 발병 충동에 대항하는 보상적 방어수단이고, 승화라는 방어기제는 광기의 에너지를 일하는 에너지로 바꾸어준다(이는 광적인 인간이 프로젝트에도 많이 관여할 수 있다는 현실을 잘 설명해준다). 끝으로 반동 형성이라는 방어기제 덕분에 사람은 자신의 쾌락 반응을 더 잘 측정할 수 있고, 따라서 일뿐 아니라 성생활에서 현실화될 위험이 있는 성적 이끌림을 억제함으로써 그런 반응을 충족시킬 수 있는 것이다.

억압Regression

이 방어기제를 사용한다는 것은 인성이 미성숙한 단계에 있음을 암시한다. 반사회적 장애, 정신병적 장애, 또는 그 어떤 충동 장애든 억압이라는 방어수단은 동적 행위(가만히 있지 않으려는 사람의 욕구)를 일으키는 주된 원인으로 알려져 있다. 이런 방어기제를 사용하지 않는 사람의 경우, 늘 움직인다는 기분을 느끼지 못하면 무력감에 빠질 것이다. 그런 사람은 억압이라는 방어기제가 없을 때 아마도 감정적인 마비, 부동성(움직이지 않는 상태-옮긴이), 속박당하는 느낌을 받게 될 것이다.

사이코패스의 행동을 예로 들어, 이런 사람의 행동에는 억압이라는 방어기제를 통해 주변을 돌아다니면서 끊임없이 자극적인 사건을 일으키려는 욕구가 성공적으로 달성된다는 사실이 반영되어 있다. 이는 아이들이 자신의 욕구를 행동으로 옮길 때와 비슷하다. 따라서 아이들이 자신의 욕구를 채우기 위해 취하는 움직임과 이 방어기제가 유사하기 때문에, 이런 사람의 특징적 성격 스타일에서 미성숙이 관찰되는 이유가 설명이 된다.

퇴행 Regression

퇴행은 모든 방어기제의 근본에 깔린 흔한 요소라고 할 수 있는데, 본인이 견딜 수 없는 관념과 기분을 의식의 영역에서 쫓아내거나 은폐하는 행위가 여기에 다 포함되어 있기 때문이다. 특히 의식을 위협하는 두려운 감정과 공포심을 누그러뜨리는 데 유용하게 쓸 수 있다.

그러나 이 방어기제의 은밀하면서도 탁월한 효과는 자신의 소망을 방해하는 사람을 향한 분노의 감정을 의식에서 지워버리는 데 있다. 이 방어기제가 성격 속에 더욱 광범위하게 퍼져 있을수록, 소극적이고 정신분열적이며 히스테리성의 특징이 만연해 있을 가능성이 더 크다.

승화 Sublimation

승화는 우리의 정신이 갑자기 분출하는 공격적이고 성적인 욕구를 생산적이고 목표 지향적인 활동으로 유도함으로써 완화시키는 데 활용된다. 이러한 목표 지향적인 활동은 사회적으로 귀중한 가치로 여겨진다. 승화의 성공적인 활용은 성격 면에서 성숙하다는 징표로 간주된다. 그것은 좌절을 감내할 줄 알고 장기적 목표의 달성을 위해 만족을 뒤로 미룰 줄 안다는 것을 시사하기 때문이다.

취소Undoing

취소는 강박적이고, 피해망상에 사로잡혀 있으며, 상습적인 상태를 관리하기 위해 존재하며, 실제로 그와 같은 상태를 나타내는 대표적인 증상이기도 하다. 따라서 새로운 결심은 항상 그에 상응해 실행되지 않거나 그것들의 정반대가 되는 행동에 의해 균형이 잡힌다. 어떤 사람이 물건을 산 다음 후회하는 바람에 그것을 반품해야 하는 경우, 바람직하지 못한 충동의 존재를 없애버리기 위해 손을 씻는 행위, 다른 사람에 대한 분노의 감정이나 거부감 때문에 실행하는 각종 의례적인 행위 등이 여기에 속한다.

한마디로 구획화 · 보상 · 부정 · 전치 · 지성화 · 분리 · 투사 · 합리화 · 반동 형성 · 퇴행 · 억압 · 승화 · 취소 같은 개별적인 방어기제들은 아마도 개별적인 감정이나 말하는 스타일을 처리하기 위해 만들어진 것으로 보인다. 이 모든 방어기제들은 그 사람이 겪고 있는 긴장의 수준과 일반적인 근심을 관리하는 데 쓸모가 있다. 본질적으로 이런 방어기제들은 감정 처리용 도구이면서 충동을 억제하는 데 쓸모가 있다.

다음에 소개할 또 다른 방어기제 묶음은 약간 다른 방식으로 도움을 준다. 이 방어수단들은 주로 항구적인 성격 특성 패턴의 형성에 관여해 성격의 구조상 더욱 안정적이고 항구적인 측면에 초점이 맞춰져 있다.

기질·성격적 특성: 패턴을 형성하는 방어수단들

동일화Identification

동일화는 '퇴행'이 모든 개별적인 방어기제들의 작동 과정에서 심리적인 목적을 지원하는 공통된 요소를 나타내는 것과 비슷하다. '동일화'가 항구적인 성격 스타일을 형성하는 데 기여하는 모든 방어기제들에 수반하는 요소로 존재하기 때문이다. 따라서 동일화는 성격 특성 패턴들, 또는 임상적인 용어로는 기질 패턴 character patterns이라고 하는 것을 형성하는 모든 방어기제들에 공통적으로 들어 있는 요소다.

사람은 '동일화'를 통해 본인이 이상적인 인물로 여기는 다른 사람(대체로 부모 중 한 명이다)의 행동과 태도를 흉내 내려 할 것이다. 이것은 그 사람과 동일한 정체성을 확립하기 위한 것으로, 그렇게 되면 이 정체성은 본인이 이상으로 여기는 사람의 정체성과 똑같아진다. 이런 방어기제를 통해 사람은 외부의 제약 수단에 의존하지 않고도 자신의 감정과 근심을 스스로 규제할 수 있게 된다.

　이런 흉내는 일반적으로 남들의 지시가 아니라 모범을 보여줌으로써 이루어진다. 그리고 막을 수 없다. 동일화의 시도는 자연적으로 발생하며, 다음과 같은 격언에 의미가 함축되어 있다. "The apple doesn't fall far from the tree(사과는 나무에서 멀리 떨어지지 않는다, 아이는 부모를 닮는다는 뜻의 격언-옮긴이)."

내면화Internalization

내면화는 '동일화'라는 방어기제의 기초 위에 구축된 것으로서 동일화 과정의 가치를 더욱 높여준다. 이때 내면화의 가치는 멘토의 자질 증가와 더불어 행동 기준으로 채택된다. 사람은 본인의 지적 능력과 논리로 세상을 다른 시각으로 보거나 멘토의 가치관에서 부정적인 뜻이나 결론을 볼지도 모르지만, 기본적으로는 본인의 의도와 관계없이 멘토의 가치관에 통제당하는 느낌을 받는다. 따라서 어른이 된 후에 어린 시절부터 간직해온 부적절하고 내면화된 기준에 의심이 제기된다고 해도, 그 사람에게 그런 가치관에 대한 정서적 유대감은 비록 현재 진행중인 특징 패턴 발달 과정에 항구적인 영향까지는 아니라도 여전히 강력한 영향을 끼칠 것이다.

투사적 동일화Projective Identification

투사적 동일화를 사용하면, 사람은 본인의 에고 중에서 본인도 싫어하는 복잡한 (부정적인) 부분의 원인을 남의 탓으로 돌릴 수 있다. 그러나 그런 거부의 심리에도 불구하고, 본인은 그런 부분과 자신을 동일시할 것이다. "If you spot it, you got it(남의 행동이나 태도에서 당신 눈에 뜨이는 것이 있으면, 그것은 당신에게도 있는 것이다.-옮긴이)."은 투사적 동일화의 개념을 잘 설명해주는 격언이라고 할 수 있다.

당신은 어떤 사람이 비도덕적인 짓을 한다며 그를 비판할 수 있다. 하지만 그 생각이 당신 머리에 자꾸 떠오른다면, 그 생각만 해도 피가 끓어오른다면, 어떤 투사적 동일화의 변종이 작동하고 있다고 의심할 만하다. 비록 당신은 그런 행위를 거부하겠지만 여전히 그것에 동질감을 느낄 가능성이 있다. 특징 패턴의 형성 과정에서 이 투사적 동일화 덕분에 자신의 성격 속에서 특징이 자리를 잡아가면서 안 좋은 특징들을 애써 무시할 수 있다.

분리Splitting

분리는 구획화의 도움을 받아서 사용한다. 예컨대 둘 중 한 명은 모든 게 다 좋은 반면, 나머지 한 명은 모든 면에서 나쁘다고 보는 식이다. 이 같은 구획화는 부정과 치환Displacement이라는 요소의 도움이 있어야 이루어진다. 이런 현상은 경계선 스타일의 소유자에게서 흔히 발견된다. 이런 사람들은 긍정적인 특질과 부정적인 특질들을 모두 남에게 돌리면서, 그로 인해 발생하는 모순을 분리의 방어기제 때문에 쉽게 무시한다. 따라서 이런 사람들은 선과 악에 대해 어떤 갈등이나 마음의 긴장 없이 반대로 이해한다. 경계선 스타일의 사람들에게 '분리'는 모호성과 갈등이라는 잠재적인 문제점들을 사전에 제거해주는 역할을 한다. 그리고 이것은 그 사람의 특징 패턴이 발달하는 과정에서 '경계선적 특징'으로 자리잡는다.

상징화 Symbolization

마음속의 관념과 판타지를 특정한 외적인 표현이나 상징으로 위장할 수 있다. 이런 방어기제를 쓰면 특징 패턴이 형성되는 과정에서 심적 고통을 피할 수 있다. 바람직한 것을 내면화하는 과정에서 모든 것을 위장할 수 있기 때문이다.

자기 비난 Turning Against the Self

적개심은 방향을 바꿔 자신 자신을 겨냥하면 더 견디기 쉬워진다. 이런 방어기제를 사용하는 사람은 책임 추궁하기·폄하하기·공격하기 등을 처음에 의도한 사람에게 퍼붓는 것이 아니라 자신에게 향하는 성격적 특징을 발달시킨다. 최초의 공격 대상은 대체로 중요한 사람이다. 하지만 그 사람을 향한 적개심을 자기 자신에게 방향 전환함으로써 의식에서 감춘다. 이런 방어기제는 피학대 성욕 도착증을 앓는 사람이나 자기 폄하를 일삼는 사람들에게서 쉽게 찾아볼 수 있다.

이제까지 방어기제의 구조를 성격 스타일과 유형에 존재하는 모습 그대로 보여주었다. 이런 방어기제들이 개별적 감정들을 관리하는 것은 물론이고, 성격 또는 성격적 특징 패턴들이 발달하는 데 필수적이기 때문이다. 감정 관리에서 핵심이 되는 '억압'이라는 방어기제는 이런 성격적 특징 패턴의 형성 과정에서 나타나는 '동일화'라는 방어기제와 유사한 것으로 보인다.

성격이 형성되는 과정에서 이런 핵심 이슈들을 분석하는 것은 매우 중요하다. 사람의 평가, 성격 유형과 스타일의 측면에서 볼 때, 궁극적으로 이것들이 성격의 틀을 잡아주기 때문이다. 이런 핵심 이슈들은 성격 내에서 활용되는 통제 수단들의 메커니즘과 그런 통제 수단들이 충동의 분출을 관리하는 방식, 아울러 방어기제가 일시적인 감정들(금방 왔다가 금방 사라지는 감정들)을 비롯해 근심을 평가하고 관리하기 위해 작동하고, 동시에 성격 안에 있는 항구적인 특징 패턴(남들이 나라는 인물과 동일시하는 성격적 특징)의 발달을 관리하기 위해 또 다른 유형의 방어기제를 활용하는 방식 등이다.

이어지는 2부에서는 이 같은 각각의 기본적 유형들을 감정이 관리되는 방식과 관련해 체계적으로 설명할 것이다. 당신은 감정을 감정의 억제를 통해, 감정의 배출을 통해, 감정에 결합된 욕구의 강화를 통해, 또는 감정과 분리된 욕구를 통해 관리하는가?

각각의 기본적인 유형들에 대한 설명이 그 유형의 행동 스타일 및 실제 임상 사례들과 함께 제시될 것이다. 우리는 이를 통해 많은 성격적 특징들이 감정 및 충동과 상호 관련되어 있다는 것을 알 수 있을 것이다. 게다가 가장 중요한 것으로 이런 기본적인 성격 스타일들을 하나의 연속선 위에 놓고 설명할 것이다. 이를 통해 정상적인 형태의 스타일뿐 아니라 고통을 당하고 있거나 감정적·정신적으로 심란한 형태에 속하는 스타일들을 보다 쉽게 이해하게 될 것이다.

2부

기본적인
성격 스타일
12가지

기본적인 성격 스타일은 명확하게 긴장을 평가하려는 목적으로 분류되었다. 성격 스타일은 4가지로 분류되는데, 이 안에서 긴장은 감정을 관리하는 방식에 따라 억제된다. 즉 감정 억제형 스타일에서는 감정을 억제함으로써, 감정 통제 불능형 스타일에서는 감정이 억제되지 않도록 함으로써, 감정 애착형 스타일에서는 감정을 자기를 돌봐주는 사람의 요구에 부응함으로써, 감정 분리형 스타일에서는 감정을 제한함으로써 긴장이 관리된다.

제1카테고리:
감정 억제형 스타일

감정 억제형Emotion-controlled 스타일은 예기치 못한 사건 때문에 당황하는 느낌을 갖지 않으려 하는 유형이다. 이런 사람들은 감정이 성격 안에서 체계화되지 못한 느낌을 야기할 수 있으며, 나아가 이런 감정은 자기도 모르는 사이에 통제의 범위를 벗어날 수 있다고 생각한다. 그래서 감정의 통제는 안심과 안전한 마음을 갖게 해주는 기회로 인식한다.

그러한 억제의 필요성 때문에 이 성격 구조(또는 스타일)에 속하는 사람들은 논리나 합리화를 활용하는 방어기제와 사고 활동이나 대인관계에서 차단이나 보호막을 제공할 수 있는 기타 방

144

어수단에 의존한다. 이런 차단 효과는 감정을 억제하는 데 도움이 된다. "감정의 억제"는 다음과 같은 성격 유형에 속하는 감정 억제형 사람들이 늘 외우는 구호다.

1. 강박신경증 스타일Obsessive-compulsive Personality
2. 피해망상적 스타일Paranoid Personality
3. 정신분열성 스타일Schizoid Personality

제2카테고리:
감정 통제 불능형 스타일

감정 통제 불능형Emotion-dyscontrolled 스타일은 자기 감정이 반드시 억제되지 않도록 하는 것에 크게 관심을 쏟는 유형의 사람들이다. 그런 사람들은 주변 환경에서 주로 끊임없이 사람을 자극하는 사건들을 자초하거나 꾀하는 활동에 몰두하는데, 이는 자기 감정을 발산하고 감정을 억제하는 일이 없도록 하기 위해서다. 이런 사람들은 자기 주변에서 온갖 사건과 활동이 정신없이 돌아가야 실제로 안심하고 안전하다고 생각한다. 활동을 하는 순간에는 감정이 통제의 손길로부터 자유롭기 때문이다. "감정 억제 불가"는 그런 감정 통제 불능형 스타일의 구호로 볼 수 있을 것이다. 감정 통제 불능형 스타일을 나타내는 성격들은 다음과 같다.

1. 히스테리성 스타일Histrionic(Histerical) Personality

2. 자기애적 스타일Narcissistic Personality

3. 사이코패스 스타일Psychopathic(Antisocial) Personality

제3카테고리:
감정 애착형 스타일

감정 애착형Emotion-attached 스타일은 주로 자신을 돌봐주는 사람과 권위 있는 인물이 제공하는 보살핌의 애착에서 안전과 피신처를 찾는 유형이다. 항상 자신이 의존하는 사람들과 생각이 같기를 바라며, 대체로 그들과 의견이 불일치하는 경우를 피하려고 노력한다. 따라서 이런 사람들은 자신을 돌봐주는 사람들에게 소속되어 아무런 갈등이 없을 때 편안함을 느낀다.

이들은 독립적인 행위와 생각이 발생하지 않도록 경계함으로써 근심과 감정을 억제한다. 의존적인 애착이 성공할 수 있도록 하기 위해서다. 이런 종류의 성격 패턴 또는 스타일은 다음과 같다.

1. 의존적인 스타일Pependent Personality

2. 수동적 공격성 스타일Passive-aggressive Personality

3. 불충분한 스타일Inadequate Personality

제4카테고리:
감정 분리형 스타일

감정 분리형Emotion-detached 스타일은 긴장과 근심을 억제하려는 시도의 일환으로 자아가 다른 사람의 어떤 영향도 지나치게 받지 않게 하는 스타일이다. 그래서 "복잡한 관계는 싫어!"를 외친다. 이들의 가장 큰 욕구는 사교 면에서 비교적 고립된 상태로 머무르는 것이다. 그리고 그런 사회적 고립에서 감정적 안정을 얻는다. 이 유형들은 감정 억제형의 정신분열성 스타일과는 다르다. 고도로 민감하고(흥분을 잘하고), 정신적으로 연약하며, 대체로 어느 정도는 내성적(심하게 자신에게만 관심을 쏟는 성향)이기 때문이다. 감정 분리형 스타일들은 다음과 같다.

1. 경계선 스타일Borderline Personality

2. 우울성 스타일Depressed Personality

3. 회피성 스타일Avoident Personality

CHARACTER

6장

강박신경증
스타일

강박신경증 스타일은 주로 긴장과 감정을 억제하기 위한 목적으로 형성된 유형이다. 여기에 속하는 사람은 모든 종류의 지적인 방어기제를 동원해 예기치 못한 사건의 발생을 피하거나 사전에 방지하려고 한다. 이들은 '지성화(추론하기)'라는 방어기제를 사용해 모든 입장과 태도를 뒷받침한다.

다른 방어기제로는 '합리화(행동에 대한 훌륭한 이유를 만들어내기)'와 '승화(심리학에서 심리 현상의 근저가 되는 성욕 에너지가 사회적으로 보람을 주는 예술·종교 활동 등으로 전환되는 일-옮긴이)'가 있다(승화의 경우 과업에 과도한 에너지를 써 정작 인간관계에 쓸 에너지를 많이 남기지 못한다).

그렇기 때문에 이들에게 가장 큰 쾌락은 일, 그리고 차후에 인간관계에서 얻을 수 있는 쾌락을 위한 에너지를 빼내어 프로젝트와 과제(과제를 목록화하는 작업도 포함된다)에 몰두하는 데서 나온다.

이렇게 일에 전념하는 태도 때문에 이들은 우정을 추구하는 데 쓸 시간은 거의 없어지거나 크게 줄어든다. 또한 모든 상황을 통제할 수 있도록 주변의 환경을 정리정돈해놓아야 한다고 생각한다. 그래서 지나칠 정도로 질서정연함과 세부사항에 대해 철저하게 몰두하는 것을 중요시하며, 자신은 물론 남들에게도 완벽을 요구한다.

이런 완벽주의적인 성향이 지나쳐 상식과는 반대로 과제를 완수하려는 그 사람의 능력을 방해할 수도 있다. 완료에 대한 욕구가 너무 크기 때문이다. 즉 그런 사람은 과제의 완벽한 완료를 갈망한다. 극단적인 경우이긴 하지만 완벽주의가 과제의 완료를 방해할 수도 있다.

한편으로 그와 동시에 (과제 완수의) 마무리하고자 하는 욕구가 이해할 수 없을 정도로 지속적으로 도전을 받아 그 과제들이 미완성 상태로 남는 경우들도 많다. 그런 모순의 결과가 어떤지는 그런 성향의 사람이 시험에 대비해 공부하는 사례를 보면 잘 알 수 있다.

교재의 중요한 부분에는 온갖 색상의 사인펜으로 반듯하게 줄을 긋지만, 정작 교재의 내용은 공부하지 않는다. '내용'을 서서히 굴복시키기 시작하는 것은 바로 '형식'인데, 그 이유는 간단하다. 질서정연하게 만드는 일이 자료를 학습하는 데 따르는 에너지 소모 없이 혹은 에너지 소모 대신, 공부해야 한다는 근심을 억제해주는 것은 물론이고 전체적인 감정의 압박도 억제해주기 때문이다.

그에 상응해 이 사람에게는 본인이 스스로 정한 기준이 매우 높아서 일종의 도덕주의의 경지에 오를 정도로 성실성이 과하게 발달할 수도 있다. 융통성이 없어질 정도로 사물의 옳고 그름에 과도하게 신경을 쓰게 되면, 마치 도덕주의자 같은 태도를 지니게 된다.

따라서 이들에게 중요해지는 것은 남들과 상호작용을 하거나 인간관계를 맺는 것이 아니라 규칙과 규정이다. 이런 점에서도 이런 유형의 사람은 엄격해지고 매우 고집 센 사람이 될 수 있는데, 이런 자질은 어떤 인간관계에서 표출되면 그 관계를 기반부터 흔들어 놓기 때문에 인간관계에 온기와 자연스러움은 흔히 사라지게 된다.

이런 사실을 잘 생각해보면, 이런 유형의 사람이 규칙 준수를 요구할 것이라는 예상은 분명해진다. 무엇을 해야 하는지, 어떻게 해야 하는지에 대한 남들의 생각이 이 사람의 생각에 정확하게 부합하지 않으면, 권한을 남들에게 위임하지 못한다. 이런 종류의 요구가 팽배해지면 토론이나 대안이 생길 여지도 거의 없어진다. 그리고 그런 요구 자체가 본질적으로 공유라는 개념에 매우 인색한 접근법이라고 할 수 있다. 실제로 이런 성향의 사람은 대체로 인색하며 값진 것(예를 들면 돈 같은 것)이 있으면 비축하는 경향이 있다.

이런 감정 억제형 사람들에게서 볼 수 있는 강박적인 특성으로는 똑같은 것을 계속 생각하는 사고 반복의 성향이 대표적이라고 할 수 있다. 반복적인 생각의 결과로 수행해야 할 강박적인 생각이나 충동을 의례적으로 '실행'하는 것이 상습적인 특성이 된다.

실행으로 이어지는 생각이 반복적이고 강박적으로 변하면 병적인 장애가 되고, 그것은 다시 그 생각에 부합하고 생각을 만족시키는 모종의 조치(강박적인 행동)를 추진하고 실행해야 할 불가항력적인 욕구를 낳는다.

사례 1:
의사가 시체를 보고 싶어했던 이유

병원에서 중요한 직책을 차지하고 있는 한 의사가 병원장에게 적대감을 느끼기 시작했다. 이 적개심은 차츰 집착으로 발전했고, 집착의 반복적인 발생은 점차 심각한 강박관념으로 변했다. 이 강박관념은 의사 자신이 시체들을 보고자 하는 충동을 갖고 있다는 사실을 깨달았다는 것이다.

시체들을 쳐다보고자 하는 강박관념은 지나치게 절박해졌고, 그런 관념이 그의 마음을 사로잡을 때마다 집착에서 벗어나기 위해 그는 애써 다른 생각을 하려고 했다. 그러나 그의 시도는 성공하지 못했다.

결국 그는 시체들을 보고자 하는 강박적인 생각의 포로가 되었고, 어느 날 정말 그렇게 하고 싶은 충동이 '생각'의 벽을 뚫고 나와 '실행'의 행위를 시도했다. 그는 곧장 병원의 병리과로 가서 다양한 해부 단계에 놓여 있던 많은 시체들을 응시하기 시작했다.

일련의 정신과 진료를 통해 그 의사는 시체들을 응시하고 싶어했던 자신의 사고와 행위(그의 강박신경증적 행위), 그리고 그것의 실천은 각 시체가 병원장이었으면 좋겠다는 자신의 무의식적인 소망이었다는 것을 깨달았다. 따라서 그는 계속 생각했고, 병원장이 정말로 죽었으면 좋겠다는 그의 소망이 상징적으로 시체들을 하나씩 응시하는 것만으로도 계속해서 만족되고 있었다는 사실을 발견했다.

이 의사와 병원장과의 총체적인 인간관계를 분석한 결과, 그동안 엄청난 양의 분노가 누적되어 있었으며, 그 중 상당 부분이 숨겨졌거나 억눌려 있었다는 사실이 밝혀졌다. 분석을 통해 진실을 파악한 의사는 마음을 단단히 먹고 병원장과 면담의 시간을 보냈다. 그리고 얼마 안 되어 두 사람은 갈등을 해소했다. 그 후 병원장에 대한 강박적인 생각은 물론, 특히 병리과 방문이라는 '행동화' 행위는 완전히 없어졌다.

이 사례는 강박관념과 충동의 증상을 잘 보여준다. 이와는 대조적으로 다음 사례는 강박신경증 성격의 진정한 일면을 잘 보여준다.

사례 2:
자물쇠를 반복적으로 점검하는 행위

강박신경증 성격을 지닌 사람의 전형적인 예를 들어보겠다. 어떤 사람이 잠자기 전에 계속 대문 자물쇠가 잠겨 있는지 점검하고, 심지어 잠자리에 든 다음에도 직접 나가서 자물쇠를 잠그지는 않으면서 정말로 잠겼는지, 혹은 잘못해 실제로는 안 잠겨졌는지 등등 자물쇠를 점검하고 그것을 계속해서 곰곰이 생각하는 것이다.

물론 그러다가 이 강박관념은 결국 나가서 자물쇠를 점검해야 하는 신경증적인 기분으로 변한다. 이같이 자물쇠를 반복적으로 점검하는 행위는 몇 번씩 계속 발생하기 때문에 의례적인 행위로 변하기도 한다. 즉 그 사람은 의심의 장막 속으로 들어가 지루한 그 '행동'을 많이 함으로써 의심을 점차적으로 해소해야 비로소 안심할 수 있다.

성격적 특성 또는 성격적 특질의 관점에서 보면 이런 사람은 일반적으로 완벽주의적이며, 질서정연함을 추구하고, 규칙과 규정을 잘 따른다. 그리고 지나칠 정도로 양심적이어서 습관을 상당히 엄격하게 고수하면서도 높은 행동수준을 유지한다. 이런 사람은 자신이 예상하는 감정을 포함해 모든 종류의 감정과 충동을 억제하는 데 신경을 많이 쓴다. 자기 불신에 대한 염려를 비롯해 인색함과 그것의 온갖 변형에 대한 관심에 자신의 시간을 거의 다 쏟는다.

더 정상에 가까운
강박신경증 스타일

강박신경증 중에서도 종결의 필요성(마무리되지 않은 일, 그리고 완료가 필요한 일을 끝내려는 욕구)이 강박적인 의무로 작용할 때 더욱 심각해진다.

완료(종결)에 대한 이러한 갈망은 그 사람의 인생을 강력하게 지배하며, 고려할 다른 요소들을 압도한다. 게다가 모든 것이 무조건 완벽해야 할 필요성을 중심으로 온갖 과제와 요구가 주변에 분포되어 있다.

이와 대조적으로 정상 쪽으로 더욱 기울어져 있는 강박신경증 유형의 사람은 자신들에게 매우 중요하고 완벽주의적인 에너지를 훌륭한 작업 계획은 물론, 전략적이고 전술적인 작업 배분 방식을 마련하는 데 쏟는다. 그래서 강박적이고 환상적인 삶과 그런 사고에 동반하는 신경증적 충동들은 그 성격을 압도하지 못한다.

오히려 그런 사람이 사용한 매우 훌륭한 계획과 전략은 환상과 충동을 부차적인 지위로 내려놓는 한편, 사람의 인생과 시간의 배분에 대한 현실적인 평가와 대체로 타협하지 않는다.

이런 점에서 볼 때 감정 억제형의 기본적인 성격은 근심을 줄이는 방법의 하나로 감정을 억제하지만, 인간관계를 맺기에 상당히 양호한 파트너가 될 수 있다. 강박신경증 스타일에 동반할 수 있는 병리학이 상대적으로 결여되어 있다는 것은 바로 이런 의미에서 하는 말이다.

반대로 이런 유형의 특성은 상당히 효과적이고 생산적인 결과를 낳을 수 있다는 것이다. 아무것도 공부하지 않으면서 모든 정보에 깨끗하게 밑줄을 긋는 걸 중요시해 거기에 시간을 쏟는 대신, 충분한 집중력을 발휘해 주어진 자료를 효과적으로 공부하고 배울 수 있는 사람은 바로 이런 유형의 사람이다.

비록 자기 불신에 대한 염려가 실제로 존재하긴 하지만, 사실 그 정도 수준의 염려는 더 심각한 경우들에 비하면 크게 낮으므로, 아마도 자기 불신이 심적 에너지를 지나치게 많이 앗아가진 않을 것이다.

CHARACTER

7장

피해망상적
스타일

피해망상적 스타일은 세상에 대한 불신과 그 불신이 세상에서 전개되는 방식을 통해 감정 통제라는 목표를 달성하는 사람들을 가리킨다. 이런 유형의 사람은 자신을 제외한 사람이나 사물은 전부 의심하고, 매우 비판적이다. 그리고 이런 모든 현상의 이면에서 자신을 향해 이렇게 말한다.

"세상은 잘못된 것으로 가득 차 있어. 하지만 나에게는 그런 것이 없지."

이것은 매우 중요하면서도 보편적으로 피해망상이 보이는 주요 증상들이다. 피해망상에 사로잡힌 사람은 모든 잘못을 외부의 탓으로 돌린다. 그것은 실제로 무의식적으로 드러나는 내부, 즉 자아self의 잘못을 절대로 보지 않기 위해서다. 아이러니하게도 그런 사람에게 무의식이라는 말은 자기가 보기에는 모든 것이 잘못인 것 같다는 느낌을 나타낸다. 그것을 보지 않으려 한다는 것은 피해망상 환자들이 자아를 제외한 모든 것에 대해 비판적 태도를 유지해야 하는 필요성을 잘 설명해준다. 따라서 피해망상 환자가 자신에게 정말로 무의식적으로 하고 있는 말은 다음과 같다.

"세상에 나와 있는 모든 것이 틀렸다는 것이 아니라, 모든 것이 내가 보기에 틀렸다."

피해망상적 스타일의 사람은 세상 모든 것에 고도로 비판적이며, 이런 비판적 태도는 항상 바깥으로 투사된다. 그렇기 때문에 이들은 자아와 그 외의 다른 것을 뚜렷하게 구별한다. 다시 말해 다른 사람에게는 항상 잘못된 점이 있지만, 앞에서 말한 대로 자신에게는 그런 것이 전혀 없다고 여긴다. 자기 감정을 완벽하게 통제할 수 있는 것은 바로 자신과 나머지 것들을 이같이 명확하게 구분하기 때문이다. 그리고 이 통제는 스스로 자신이 부족하다는 것을 절대로 알지 못하게 만든다. 그런 사람이 구사하는 전략의 주된 목표는 모든 열등감을 억누르고, 의식의 영역으로 들어오지 못하게 하는 것이다.

이런 사람은 다른 사람들이 충성심을 보여도 그것을 믿지 않고 끊임없이 의심한다. 물론 이런 유형의 사람은 자아가 매우 민감하기 때문에, 정서적으로 상당히 쉽게 상처받을 수 있다. 그리고 자신과 관련해 부정적인 언급을 암시해도 과민 반응을 보이기 때문에, 이런 사람은 사소한 모욕만 인지해도 원한을 품을 것이고, 한 번 원한을 품으면 영원히 간다. 게다가 자신에 대한 부정적인 언급 때문에 생기는 근심 때문에 십중팔구 반격을 하게 된다.

말할 필요도 없이 이런 사람은 사람과 사귀는 것을 극도로 힘들어하며, 심지어 우정이 싹틀 가능성만 있는 관계에서도 매우 신중하게 행동한다. 더 정확히 말해서 온정과 유머 감각은 없으면서 다른 사람들에게 고집·질투심·적개심·빈정거림·냉소주의·시비조의 언행 등을 일삼는다. 게다가 성격에서도 심한 경직된 태도를 보인다. 이와 같은 태도는 주로 다른 사람들의 통제를 받지 않도록 상황을 만들도록 돕는다.

이런 사람은 다른 사람의 통제를 받지 않는다는 목적을 추구하므로 항상 책임 전가의 태도를 유지하며, 세상에 대한 부정적인 인상을 찾고 확인해야 하기 때문에 주변 환경을 늘 주시하고 예리하게 분석한다. 이런 태도는 흔히 "신중하다."라는 평가를 받지만, 실은 피해망상증 환자가 남들에 대한 적개심을 축적했음을 반영하는 것에 불과하다. 그런데 이 적개심은 뒤돌아서 있기 때문에, 정작 본인은 적개심이 바깥 세상에서 나에게 오는 것으로 착각한다. 이런 총체적인 투사 능력은 최초에 과대망상적 투사 현상에 대한 격언이었던 "If you spot it, you got it(남의 행동이나 태도 등에서 당신 눈에 뜨이는 것이 있으면, 그것은 당신에게도 있는 것이다)."을 탄생시켰던 바로 그 개념이다. 이 말은 피해망상적 스타일의 사람은 세상에서 사악한 위험으로 간주되는 것을 예민하게 의식하고 있기 때문에 그런 무서운 악의가 정말로 바로 그 사람의 성격 안에 자리 잡고 있는 것이 틀림없다는 뜻이다.

덧붙이자면 그 사람이 외부 세계에서 비롯된 위협으로 인식한 것은 자신의 취약성에 대한 과장된 느낌에 불과한데, 본인은 물론 이런 사실을 부인한다. 그런 사람은 약하다고 생각해서 약하게 행동하는 것이 아니라, 반대로 최선의 방어책으로서 공세를 취한다. 그리고 계속 나아가 비판하고, 규탄하며 책임을 전가한다.

이런 사람이 주로 사용하는 방어기제는 자신에게 해당되는 것을 남에게 돌리는 행위로, 이른바 '투사Projection'다. 이는 사방에서, 온 세상에서 불완전한 것을 찾아내려고 애쓰는데, 앞에서 설명한 대로 이는 자신에게서 그런 불완전한 점을 찾지 않으려 하기 때문이다. 그러나 여기에서 본질적인 진리는 이런 사람은 자기 자신을 매우 불완전한 인간으로 보고 극도의 비판을 받을 수밖에 없다고 본다는 것이다. 그러나 자신이 불완전하다는 느낌은 철저하게 무의식 속에 있기 때문에 이런 유형의 사람은 남들에 대한 비판을 지속할 수 있으며, 따라서 타인에 대한 비판이 성공을 거두면 여전히 그것에 만족을 느낀다. 다시 말해 비판 욕구의 만족이 바로 비판하는 표현 속에 담겨 있다. 이런 식으로 자신에 대한 열등감은 계속, 특히 자기 자신에게 은폐되는 한편, 모든 결점과 불완전성은 외부, 즉 바깥 세상의 탓으로 돌려진다.

　이것은 본인도 모르는 사이에, 무의식 속에서 모든 종류의 불충분과 열등함을 모두 자기 자신의 책임이라고 느끼는 정당한 이유를 품고 있는 성격이다. 남을 향해 책임을 전가하고 비판할 때의 감정을 제외하고, 모든 감정을 반드시 억제하려는 과대망상 환자의 욕구의 핵심에는 바로 이같이 자신에게 비판적인 의식이 있다. 이것이 함축적으로 의미하는 것은 만약 감정이 억제에 승리하면, 그 사람은 자기 무의식 속에 있는 것이 계속 무의식 속에 안주하리라고 확신할 수 없다는 사실이다. 따라서 감정을 억제하지 못하면 거의 확실하게 무의식 속에 있는 것이 의식으로 탈출할 것이라는 두려움이 생기는데, 그것이 이런 사람들에게는 최악의 시나리오다.

사례 1:
외로운 남자가 느낀 과대망상

　　　39세의 한 남성은 사람들이 자신을 쳐다보고 있을지 모르고, 심지어 강도짓을 할 목적으로 자기 뒤를 따라다닌다는 생각에 시도때도 없이 시달리는 것을 제외하면, 거의 모든 면에서 지극히 정상이었다. 이 사람은 결혼한 적이 없고 사교적인 면에서는 다소 외톨이 기질이 있으며, 실제로 외로움을 탄다고 보고되었다. 그의 사회적 고립이 자신이 갈망한 것이 아니라는 것은 분명했다. 더 자세히 말하면, 그의 까다로운 성격 때문에 그는 같이 일하는 동료들에게 지나치게 자주 비판적인 태도를 보였다. 그래서 겉보기로는 사람들이 그에게 호감을 느끼지 않았다.

남이 쫓아오고 강도짓을 할 것이라는 그의 두려움을 분석한 결과, 그의 성격에 이른바 '캡슐형 과대망상적 특징Encapsulated Paranoid Feature'이 있는 것으로 밝혀졌다. 전체적으로 보았을 때 그는 정신병 환자가 아니며 일상생활에서도 별로 비정상적인 측면이 없었다. 하지만 어떤 심란한 생각에 시달리면 자신이 미행당하고 강도짓을 당할 것이라는 두려움이 만든 '거품' 속에 갇히는 것이었다.

아울러 매우 놀랍지만 이상하지는 않은 설명이 가능했다. 그는 모든 현상의 아래에, 즉 그의 무의식적인 마음속에서 미행당하고 강도짓을 당하는 것과는 정반대되는 소망을 가지고 있었다. 사실 그는 남을 미행하고 싶어했다. 게다가 (어떤 면에서는) 남들에게 강도짓을 하고 싶어했다. 이 놀라운 해석은 뻔한 사실에 바탕을 둔 것이었다. 즉 그는 타인과의 접촉이 필요했으며, 남들이 가진 것(부유함의 문제로, 즉 풍부한 우정을 가진 사람들)을 원했다. 기본적으로 그는 동료애와 우정을 필요로 했다. 따라서 그의 삶에서 무엇이 결여되어 있는지를 따지는 것은 우정의 풍부함과 관련되어 있다고 할 수 있다. 겉으로 드러난 모든 현상의 아래에서, 그는 외로움을 원하지 않으면서도 사교의 필요성을 결코 인식하지 못했던 것이다.

이 같은 캡슐형 과대망상적 증상을 보이면서, 외적 현상의 밑바닥에서만 외로움을 원하지 '않는' 이 남자는 정반대의 결과를 불러오는 행동을 할 수밖에 없다. 그것은 남들을 거부하는 행위로, 궁극적이고 지속적으로 그의 외로운 인생을 보장해주기 때문이다.

사례 2:
나는 맞고 남은 틀리다

과대망상적 성격을 논하면서 그것을 과대망상적 정신분열증과 관련 짓지는 않을 것이다. 과대망상적 정신분열증 환자는 피해망상('사람들이 나를 독살하려고 한다.')이나 과대망상('나는 하나님이다.') 중 하나에 시달리거나, 두 증상을 모두 가지고 있다. 더 나아가 환각 현상을 겪기도 한다. 정신병자들의 사례를 보면 환자들의 현실 감각은 심각한 수준으로 저하되어 있기 때문에, 중요한 것은 주변에서 실제로 일어나는 사건이 아니라 본인이 그렇다고 믿는 것이다.

이와는 반대로 지금 우리가 논의할 과대망상적인 성격의 소유자는 비판적이고, 적대적이며, 질투심이 강하고, 의심이 많은 사람이다. 한마디로 내적인 욕구에 더 열심히 귀를 기울이며, 오직 개인적인 안위에만 관심이 있는 사람을 말한다.

그런 사람 중에 70세의 한 여성이 있었다. 그녀는 자신이 옳다고 생각하는 것 외에는 다른 어떤 종류의 충고나 제안도 질색을 하는 사람이었다. 다른 말로 하면 자신이 생각한 것, 자신이 갖고 있는 것, 자신이 한 행동은 모두 옳다고 생각했다. 다른 사람들의 생각은 그녀에게 별로 중요하지 않았다. 그래서 그녀의 딸은 "스타킹이 찢어졌거나 올이 나갔다." "입고 있는 블라우스에 얼룩이 생겼다." "남에게 무례하다." 같은 이야기를 그녀에게 끊임없이 해주었다고 한다. 딸은 자기 어머니가 다른 모든 사람들을 비판하면서도 당신을 더 좋게 해주려는 남들의 권고나 제안은 절대로 받아들이지 못했다고 말했다. 얼룩진 블라우스는 대체로 사회적으로 용납되지 않는다는 딸의 의견에도 불구하고 그녀는 블라우스를 세탁했으니 얼룩은 문제가 되지 않는다는 반응을 보였다. 그리고 자신의 스타킹은 눈에 띌 만큼 올이 많이 나갔지만 신고 다니는 데는 아무 문제가 없다고 덧붙였다.

이 사례에 나오는 여성은 자신이 드러내고 있을지도 모를 불완전성을 지적하는 논평이라면 그것이 어떤 종류든 절대로 받아

기본적인 성격 스타일 12가지

들이지 못한다. 그러나 그녀는 자기 눈에 비치는 다른 모든 사람들의 불완전성에 끊임없이 모든 신경을 쏟고 있었다. 아울러 그녀는 평소에 자기가 아는 다른 여성들에 대한 정보에 관심을 기울였고, 그 여성들이 귀중하게 여기는 물건을 갖고 있거나 사람의 위신을 높여주는 성격의 물건을 소유하고 있으면 어김없이 짜증을 내거나 질투하기도 했다.

이 여성은 평생을 이런 식으로 살았다. 그녀는 결혼했지만, 1년도 안 되어 결혼 생활은 끝이 났다. 그 시기에 그녀는 임신을 했는데 그녀의 딸이 전하는 말에 따르면, 그녀는 자기 딸 친구들의 어머니들과 끊임없이 매사에 경쟁을 벌이면서, 자기를 제외한 모든 다른 엄마들이 특히 육아 문제에 지능도 없고 상식도 없다고 줄곧 우겼다고 한다. 본질적으로 그녀는 항상 자기가 옳아야 하며, 무슨 일이든 자신이 틀렸다는 느낌을 용납하지 못했다.

평생 과대망상적 성격으로 살아왔다고 해도 과언이 아닌 이 여성의 사례에 나타나듯이, 이런 성격 유형의 목표는 자신의 모든 감정을 자제하고 억제하면서, 온 세상을 결함이 많고 불완전하다고 보게 하는 여러 가지 생각과 행동에 몰두하는 것이다. 이 과정에서 본인은 얼룩 묻은 블라우스를 입고 있음에도 불구하고 모든 면에서 완전무결한 존재라고 여긴다.

피해망상적 스타일

더 정상에 가까운
피해망상적 스타일

경미한 피해망상적 스타일 또는 병적인 과대망상증 환자는 아니지만, 전체적으로 볼 때 과대망상적인 징후를 드러내는 사람은 대인관계에서 충분히 파트너로 삼을 수 있다고 본다. 그런 사람은 인생을 잘 살기 위한 일종의 적응수단으로 감정 조절을 필요로 하지만, 살면서 피해망상이나 세계를 구원하겠다는 과대망상, 또는 세상에 대한 가차 없는 비판의 표출 같은 여러 심각한 과대망상적 특성들을 꼭 드러내지는 않는다. 아울러 이런 사람은 특별히 샘이 많지는 않으며, 반드시 반사적으로 질투심을 드러내거나, 반항적이거나 유난히 의심이 많거나 하지도 않다.

이와는 반대로 좀더 정상적인 과대망상적 성향이 존재할 수 있다. 이런 성향을 지닌 사람은 다른 사람과 동지애를 함께 나누고 그것에서 기쁨을 누릴 수 있을 뿐 아니라, 우정을 창출하고 유지할 능력을 지니고 있다. 이런 사람들은 평균 이상의 조심성과 세련된 우월감을 지니고 있기 때문에 세상에서 불쾌한 요소들을 쉽게 찾아낸다. 그리고 이렇게 구별하기를 좋아하는 세련된 성향으로 과대망상적 경향을 지니고 있음을 명확히 확인할 수 있지만, 모든 것이 잘못됐다는 평가에서 만족감을 얻고자 끊임없이 남들에게 손가락질 하면서 시간을 낭비하지는 않는다.

따라서 이 같은 감정 억제형의 사람은 매사에 신경을 쓰는 성향을 비롯해 모든 것을 평가하려는 충동이 언제라도 재등장할 잠재적 가능성이 있지만, 더욱 정상적인 삶을 살기 위해 본질적이고 심오한 과대망상적 사고를 피한다. 아무리 사소한 일이라도 매사를 평가하려는 욕구는 정상적인 성향의 인간과 심각한 과대망상적 성격을 구분하는 요소이기도 하다. 그러나 무엇이든 '새로운 것'을 받아들이는 것에 대한 신중한 태도는 두 경우에 모두 존재한다. 그러나 더욱 정상적인 성향의 과대망상적 인간에게 '새로운 것'에 대한 저항은 훨씬 약하다. 이것은 사실상 정도의 문제다.

CHARACTER

8장

정신분열성
스타일

정신분열성 스타일의 특징은 무관심·거리 두기·소극성 등으로
정의할 수 있다. 이 유형의 사람이 자신의 감정과 긴장을 억제할
수 있는 것은 바로 거리를 두고 대하는 태도와 감정을 배제한 태
도 때문이다. 감정은 다소 차갑고 생기 없는(단조로운 태도) 형태
로 자주 드러난다. 하지만 이 성격 유형은 정신분열증 환자와는
다르다. 정신분열성 스타일의 사람은 심한 정신병적인 증상이나
정신병적인 행동 패턴을 가지고 있지 않다.

　통상적으로 남들과 친밀한 관계를 맺고 있지 않기 때문에 명
백하게 드러나는 무심한 태도는 감정적 속박 상태를 정확하게
반영하고 있다. 그 결과로 상당히 자립적인 사람, 남들과 친밀한
관계의 수립을 기피하는 사람이 탄생한다. 이들에게 사회적 유대

관계의 구성 요소인 따뜻한 호혜의 마음은 없다. 반대로 이런 사람은 대체로 혼자 하는 활동을 선택하며, 설사 친구들이 있다고 해도 매우 적고 보편적으로 성적인 접촉도 없다.

정신분열성 스타일의 고유한 성격(무심하고, 거리를 두고, 혼자 있기를 좋아하는 성향)이 불러온 전체적인 결과는 어떨까? 아마 제한된 숫자의 인간관계만을 발전시키기 때문에 평생 기껏해야 서너 사람에게만 애착을 느낄 것이며, 그중 한두 명은 아마도 자기 부모일 것이다. 혹시라도 다른 사람이 우정을 강요하면 이 유형의 사람은 훨씬 긴장을 많이 할 것이며, 인간관계 맺기를 회피하거나 인간관계가 형성될 잠재적 가능성이 있는 자리를 아예 회피할지도 모른다.

그런 사람들의 공상 속 세상은 적대적인 테마나 보상적인 공상들로 꾸며져 있다. 이 말이 무슨 뜻이냐 하면, 현실 세계에 없거나 부족한 것을 자신의 공상 속에서 만들어낸다는 것이다. 예를 들어 이런 사람은 칭찬과 비판에 상당히 무관심하다고 알려져 있다. 그러나 그들의 공상 속 세상을 분석한 결과, 그들은 비판에 대해 실질적이고 강한 민감성을 갖고 있다는 사실이 드러났다.

공상 속의 삶에서 나타나는 '복수'의 이미지들이 비판에 대해 그들이 큰 관심을 갖고 있으며 매우 민감하다는 것을 보여주는 훌륭한 실례다. 공상에 너무 많은 시간을 투자하기 때문이기도

하지만, 이런 정신분열성 스타일을 지닌 사람은 공상 속 인생에게 활발하게 활동해 개인적인 만족을 크게 얻는다. 특히 그런 공상들은 분노를 주된 테마로 해 꾸며지고, 그 테마를 중심으로 상상 속 이야기가 만들어진다. 실제로 개인적인 만족을 얻는 문제에 관한 한 이런 사람들은 보상적인 테마를 비롯해 복수의 테마로 꾸며진 공상에서 매우 큰 개인적인 만족감을 끌어낸다.

이 사람이 구축한 방파제는 대체로 '합리화'와 '구획화' 같이 지성적으로 포장된 방어기제들로 이루어져 있다. 구획화는 사람이 자기 인생의 내용을 여러 구획으로 나누고, 그 많은 영역들 사이에 꽤 두꺼운 벽으로 경계선을 만들어 놓았다는 뜻이다. 그 사람은 이렇게 구획화된 방어수단 덕분에 감정을 통제할 수 있다. 각 방어벽이 자신을 놀라게 만들 수 있는 종류의 사건이 일어나는 것을 억제해주기 때문이다. 다시 말해 감정을 억제하고 싶어하는 이런 사람들의 경우, 여러 사건이나 예기치 못했던 결과 때문에 놀라는 일이 가급적 최소화되어야 한다.

게다가 이런 사람은 남들과 거리를 두고 초연한 태도를 유지함으로써 주변 환경을 통제하려고 하기 때문에, 공상이 그 자리를 차지할 수 있다. 이런 사람들도 공상이 마음을 지배하는 환경에서는, 훌륭한 판단력을 가끔 잃어버릴 수 있다. 이렇게 판단 능력이 떨어지는 것은 소극적 태도와 공상, 즉 생각하기와 상상하기에 지나치게 많은 시간을 쏟은 탓이다. 그러나 정신분열성 스타일의 특징을 지닌 사람은 대체로 논리적이거니와 분석에도 뛰어나다.

　게다가 이런 사람은 '정서의 격리'라는 방어기제를 많이 쓴다. 어떤 사람이 '정서의 격리'를 쓸 수 있다는 말은 어떤 감정이 통상적으로 지니고 있는 효과를 발휘하지 못하도록 어떤 감정도 분석할 수 있다는, 즉 분리할 수 있다는 뜻이다. 다시 말해 감정이 그런 식으로 격리되면 본인은 어떤 감정이든 그 감정이 일반적으로 불러일으키는 느낌을 전혀 갖지 못하게 된다.

　정서의 격리를 더욱 효과적으로 사용하기 위해 '정서의 억압'이라는 방어기제를 같이 쓰기도 한다. 이 방어기제를 쓰면 정서의 격리가 더 확실하게 보장된다. 억압이 진행되면 그 사람의 의식적인 경험에서 감정적으로 격렬함이 없어지기(희석되기) 때문이다.

사례 1:
사교 활동에 미숙한 화학공학자

　　　15년 동안 흠 없이 결혼 생활을 유지해온 화학공학자가 있었다. 두 딸의 아버지인 그는 삶에서 거의 완벽한 '기능'을 발휘했다(좋은 직장에 다니고 있었으며, 상당히 좋은 남편이자 자녀에 큰 관심을 쏟는 아버지였다). 그럼에도 불구하고 그는 다른 사람들을 매우 냉담하게 대했고, 사교적으로 그들과 소원했다.

이런 종류의 감정 억제와 사교적 거리 두기는 감정을 억제해야 하는 본인의 필요성에 부합하는 행위였다. 왜냐하면 그는 자발적으로 (순전히 재미로) 사교 활동에 참여하면 자신이 다른 사람들에게 미숙하거나 눈치 없어 보이는 말과 행동을 할 가능성이 그만큼 커진다고 생각했기 때문이다. 이런 점에서 볼 때 이 남성은 자기가 한 말과 행동과 관련해 자신이 남의 눈에 어떻게 비칠지 전혀 확신하지 못했다. 수십 년 동안 그가 써온 해결책은 자기 가족 이외의 사람과의 사교적 접촉을 회피하는 숱한 방법을 계속 개발하는 것이었다.

그는 직장 생활을 계속하고 가정을 꾸려나가는 것 같은 사회적 이력을 쌓는 데는 문제가 없었지만, 그의 친구들에게는 감정적으로 전혀 이야기가 통하지 않는 사람으로 보였다. 그는 어렸을 때 알던 급우가 자기를 쫓아다니는 바람에 결혼을 할 수 있었다. 그의 눈에 그녀는 지나치게 이상한 여자로 보이지 않았으며, 외견상 전혀 문제없이 그녀와 함께 새로운 인생을 꾸려나갈 수 있었다. 따라서 그는 캡슐형 정신분열성 성격으로 간주해야 할 것이다. 그는 상당히 정상적으로 살 수 있지만, 오로지 자기 가족과 함께하는 방울 속에서만 그러하기 때문이다.

사례 2:
인간관계에 서툰 성실한 남자

45세의 우체국 직원인 한 남성은 사회적 반응 부족이라는 이유로 상사에게 정신과 진료를 받으라는 권고를 받았다. 이 남성은 업무에 관한 한 완벽하게 기능을 발휘했으나, 동료 직원들과 친밀하고 평범한 상호 작용을 전혀 하지 못했다. 그러나 그는 겉으로 보기엔 책임감이 강하고 성실한 직원이었다.

그는 당연히 규칙과 규정을 준수했으며, 권한을 가진 존재에 복종했고 순응했다. 게다가 그는 지능도 상당히 높아 보였다. 그가 사회적 만족감을 얻는 방법은 자기 가족, 연로한 부모와 함께하는 활동을 통해서였다. 게다가 그는 책과 잡지 속 이야기를 적극적으로 읽는 상당한 수준의 독서광일 뿐 아니라, 자신이 영웅이나 복수의 화신으로 활약하는 공상 속 세계를 적극적으로 즐기는 사람이었다.

그가 가장 좋아하는 역할은 '복수를 실천하는 사람'이었다. 공상 속에서 자신에게 평소에 잘못을 저지른 사람들에게 집착한다는 사실은 그가 잘못을 응징하려는 욕구가 있다는 뜻인데, 이것은 그의 적대감이 정신분열성 성격의 심리적 조직에 의해 억압되고 통제되어야 하는 수준에 이르렀음을 나타낸다.

인간관계에서 남과 거리를 두려고 하는 이 남성의 행동은 자신의 감정적 삶을 억제하고 억누르기 위한 전반적이고 일반적인 그의 방식이다. 더 구체적으로 말하면, 그것은 근심을 억누르는 자신만의 방식이다. 특히 직장에서 남에 대한 온정이 없다는 사실이 그가 사악한 인간이라는 뜻은 절대 아니다. 단지 그가 사회로부터 격리되어 있고, 자립적인 사람으로서 감정이 격리된 덕분에 안정감을 느낀다는 뜻일 뿐이다.

더 정상에 가까운 정신분열성 스타일

정신분열성 스타일의 병적인 측면에는 주로 사회적 거리 두기로 대변되는 일단의 성격상 특성들이 포함되어 있지만(더 구체적으로 말하면 남들과 긴밀한 관계 맺기의 회피와 자기 충족 성향이 포함된다), 대체로 적대적인 테마로 구성된 공상을 통해 당사자가 완전한 만족을 얻는다는 점이 특징이다. 게다가 그런 사람은 놀랄 일이 생기는 것을 아주 싫어하며(놀란다는 것은 감정의 통제가 없다는 사실을 시사하기 때문이다), 감정이 격리된 모습을 많이 보여준다. 어떤 사람이 바로 이런 스타일임을 알려주는 또 하나의 명확하고 분명한 조건은 남들의 비판에 대해 과도하게 민감한 반응을 보인다는 것이다.

이와 반대로 정신분열성 성향은 감정 억제형 언행이 극히 적게 표출되는 사람에게서도 발견할 수 있으며, 이런 사람은 실제로 중요한 직책과 전문직을 차지할 수 있다. 이런 경우 사회적 접촉이 최소한의 정도에 불과할지라도 그들은 남들과 온갖 상호작용을 할 수 있다. 그리고 사회적 접촉 때문에 증상이 심하지 않은 정신분열성 스타일의 사람이 실제로 사회적으로 상호작용을 할 것이라는 추정도 가능해진다.

이런 유형의 사람이 삶에서 보이는 이와 같은 상호작용과 관련된 요소 때문에, 남들에게 철저히 냉담하고 남들과 거리를 두고 싶은 그 사람의 개인적 욕심은 어떤 한계를 넘지 않는다. 그래서 소극적 태도로 물러나는 경우가 더 적어지며, 그 사람의 감정적 어조는 전형적인 정신분열성 상태의 인간에게서 예상되는 것만큼 쌀쌀맞지 않다.

게다가 사회적 상호작용의 증가 때문에 이런 사람의 공상 속에는 적대적인 테마가 훨씬 적게 주입되어 있다. 따라서 더욱 심각한 상태로 발전한 정신분열성 유형의 사람은 관습적인 측면에서 쉽게 사교적인 태도를 취할 수는 없지만, 정신분열성 성향을 지녔으면서도 더 정상에 가까운 유형의 사람은 친밀한 인간관계를 정성껏 맺는 일에 여전히 힘들어할지는 몰라도 더욱 사교적 태도를 드러낼 수 있다.

게다가 놀랄 만한 일에 거부 반응을 보이지 않거나 그다지 신

경을 쓰지 않는데, 이는 단순히 양호한 정신분열성 상태에는 극
단적인 경계심이 없기 때문이다. 극단적인 경계심의 부재는 정신
분열성의 정도와 관련이 있다. 덜 심각한 정신분열성을 가진 경
우, 적대감이 '행동화'될 확률은 거의 제로에 가깝다. 그러나 더
욱 심각한 유형의 사람은 남과 교제하라거나 중요한 권위자에게
반응하라는 요구가 존재하는 긴장된 상황이 조성되면 적대적인
'행동화', 즉 그의 공격성이 행동화될 가능성이 크게 증가한다.

CHARACTER

~ 9장 ~

히스테리성
스타일

히스테리성 스타일의 사람은 과잉 정서를 드러내는데, 이 정서는 흔히 과장되고 극적인 행동으로 표출된다. 예를 들어 이 유형의 사람들은 이야깃거리나 생활 속에서 겪은 사건을 크게 각색하고 과장해 전한다. 하지만 감정 상태는 대체로 피상적(본인의 순간적인 욕구를 충족시킬 뿐이다)일 뿐 아니라 매우 잘 바뀐다. 감정이 쉽게 바뀌는 예로는 평소에 즐겁게 잘 지내다가 원했던 무언가가 거절당하는 순간, 바로 심통 모드로 바뀌는 경우들이다. 게다가 이런 사람들은 허물 없는 우정, 본인과 남들 사이의 이른바 친밀성을 묘사할 때 과장하기 일쑤다. 사회적 유대 관계를 과장하는 행태는 아무리 참을성 많은 사람의 눈에라도 미숙한 성품으로 여겨질 수밖에 없다.

감정 통제 불능형 스타일에 속하는 모든 성격 유형들이 마찬가지지만, 히스테리성hysterical 또는 연기성演技性, histrionic 스타일의 사람들은 자신의 삶에서 실제로 흥분할 일들이 필요하다. 그래서 끊임없이 외적으로 자극적인 상황을 조성하는 일에 몰두하는 경향이 있다. 이는 그들이 본인에게 흥분되는 일을 창출하고 자기 주변의 모든 것들을 사건화하기 위한 목적으로 온갖 종류의 활동·상황·조건·환경을 유발하고, 건드리고, 불러일으키고, 자초한다는 뜻이다. 그래서 이런 사람은 지나치게 활동적으로, 제 감정에 충실하게 살 수 있다. 그리고 이런 식으로 살면 무엇보다 홀로 외로운 처지로 전락할 가능성이 없어진다.

고립과 소외는 연기성 스타일의 사람이 무슨 수를 써서라도 피하려고 하는 2가지 조건이다. 다시 말해 이런 사람은 고립에 갇히는 순간, 내적으로 위협을 느끼기 시작한다. 그들은 만족의 즐거운 순간을 뒤로 미루는 것이 힘들기 때문에, 주변에 자극적인 조건을 창출하고자 하는 압박감이 생기고 이것은 즉각적인 만족에 대한 욕구를 충족시키려는 목적을 달성시켜준다. 그렇게 함으로써 지루함이라는 악마를 피할 수 있을 뿐 아니라 위협감에서도 해방된다.

게다가 매사에 이렇게 감정이 풍부한 연기성 스타일로 반응하는 사람들은 알고 보면 다른 사람들이 자기를 대신해 힘든 일을 해주기를 바란다(심지어 예상한다)는 의미에서 그들에게 많이 의존한다. 즉 그들은 극단적으로 남에게 바라는 것이 많다. 따라서 남들이 자기 문제를 대신 풀어주거나 만족스러운 해법을 갈망하는 황홀한 소망에 같이 참여해주길 바란다.

히스테리성 스타일의 사람이 몸무게를 줄이고 싶어한다고 가정하자. 그 사람은 어떤 종류의 다이어트나 운동 요법으로도 몸무게를 줄이는 것이 불가능하다는 것을 깨달았다. 대신 다른 사람이 다이어트와 운동 요법을 수행해 실제로 (이것 역시 희망사항이지만) 자기 대신 몸무게를 빼기를 바란다. 따라서 이런 스타일의 사람은 강력한 소망을 품고, 그런 소망이 현실화되어야 한다는 생각의 힘을 매우 크게 신뢰하는 사람이라고 말할 수 있다(그는 이것을 황홀한 마음으로 소망한다). 그런 태도는 또 그 사람의 소극적인 성격을 반영한다고도 할 수 있다.

이렇게 소망하기를 좋아하는 성향은 그런 사람들이 즐기는 공상 속 삶의 가장 강력한 일반적 특징을 드러낸다. 이 공상 속 삶의 일반적인 특징에는 매우 강렬한 소망 시스템이 포함되어 있는데, 여기에는 마법처럼 떠오를 문제의 해결책이 담겨 있다. 이런 부류의 사람은 소극적 성격을 지닌 것 외에 실제 삶에서 극단적으로 의존적이고 무력하다. 아울러 그들은 성공적인 해결책이 하늘에서 떨어지듯이 나타나는 황홀한 소망을 계속 간직하기 위해 어떤 상황에서든 '부인'이라는 방어기제를 집중적으로 활용한다. 이 방어기제를 사용하는 과정에서 그들은 자신의 소망을 충족시킬 수 있는 것만 받아들이고, 소망의 달성 면에서 실망스럽게 보이는 것은 모두 걸러낸다. 그들은 사물의 실상을 객관적으로 평가하지 않고 이렇게 소망에 의존하기 때문에, 자신의 판단이 나중에 적절하지 못한 것으로 판명 나는 경우가 아주 많다. 이렇게 부실하거나 그릇된 판단 때문에 곤란한 상황이 자주 생기며, 그것은 기본적으로 상황 해결에 도움이 되기보다 상황을 더 악화시키는 판단을 잇달아 내리는 형태를 띤다.

이렇게 (의심스러운 판단력 때문에 발생하는) 상황을 악화시키는 행위들은 많은 실패의 경험을 안겨줄 수밖에 없으며, 그렇기 때문에 마음을 안심시키는 언행이 끊임없이 필요하다. 그 결과 이런 사람은 자신에 대한 칭찬을 당연히 과잉평가할 수밖에 없다. 이런 종류의 언행은 그의 자부심ego을 키워주고, 보상적 역할(힘을 실어준다)을 하며, 그렇게 함으로써 본인이 남의 관심을 끄는 과정에서 우울증에 빠지는 경우를 피할 수 있다. 우울증을 피하면 공상을 만족시키는 일에 더 많은 시간을 투입할 수 있다. 간혹 욕구가 저절로 충족되지 않아서 자신의 신체적 약점을 호소하고, 결과적으로 긴 휴식을 갈망하거나 필요로 한다. 이것이 바로 피로와 무력감이 특징인 옛날식 신경쇠약 증세이기도 하다.

히스테리성 유형의 사람이 공상에 쏟는 시간을 좀더 구체적으로 분석하면, 대체로 로맨틱한 공상에 몰두하느라 정신이 없을 정도다. 이런 로맨틱한 공상들의 시나리오는 성적으로 노골적인 내용이 가득 찬 경우가 많다. 그들의 실제 생활도 이와 비슷해서 이성들을 성적으로 유혹하기를 즐기며, 육체적으로 이성에 대한 관심을 표현하는 데 신경을 많이 쓰고, 대체로 이성의 관심을 독점적으로 차지하려는 행태를 보인다. 또 대체로 사랑이나 섹스에 대해 내숭을 잘 떨며, 그렇게 행동할 만한 자격이 있는 듯한 태도로 이성을 대한다. 화려한 외모 가꾸기도 이 유형의 특징이다.

이 스타일의 가장 기본적인 특징은 고도의 피被암시성 · 암시 감응성感應性을 띤다는 것이다. 암시 감응성 지수가 높기 때문에 이런 유형의 사람들은 최면에 아주 쉽게 걸린다(매사에 무비판적인 자세를 취하는데다 잠재적인 암시 감응성 수준이 매우 높기 때문이다). 이런 스타일은 최면에 걸리기 힘든 강박신경증 스타일, 피해망상적 스타일, 정신분열성 스타일 등과 같은 감정 억제형 스타일과는 대조적인데, 그것이 감정 억제형의 사람들이 고도로 비판적이고 억제된 태도를 지니고 있는데다 암시 감응성에 민감하지 않기 때문이다.

히스테리성 스타일의 사람이 전체적 또는 일반적으로 세상에 접근하는 이런 방법을 고찰해보면, 감정을 억제하는 행동을 실천함으로써 세세한 일에 치중하는 스타일보다 감정을 잘 방출할 수 있도록 설계된 매우 훌륭한 스타일이라고 할 수 있다. 따라서 이런 사람은 감정적으로 어떻게 느끼는가(감정 통제 불능형)가 가장 중요하며, 감정이 배출될 때 비로소 삶의 가치를 느낀다. 이와는 대조적으로 힘든 현실(감정을 충분히 억제했을 때 드러나는 것 같은)은 부차적인 지위로 격하되는데, 이는 순전히 차갑고 힘든 현실이 히스테리성 스타일의 사람이 소망하고, 바라고, 필요로 하고, 또는 느끼는 것에 부합하지 않기 때문이다.

사례 1:
남성과 끊임없이 만나는 여성

남성들과 끊임없이 로맨틱한 관계를 추구하는 60세의 기혼 여성이 있었다. 많은 경험 끝에 그녀에게 로맨틱한 순간의 정의는 자신의 추파에 대해 반응하는 남자들과의 상호작용, 혹은 남자의 추파를 자신이 인식한 결과, 또는 실질적이고 구두로 이루어진 남자들과의 외설적인 접촉, 또는 한 사람에게서 다른 사람으로 전달되는 사적인 관심으로 정의할 수 있는 모든 것이다.

이 여성은 어떤 기회가 주어지든, 항상 이런 종류의 만남을 꾀해야 한다. 만약 주어진 환경 때문에 이런 만남을 이룰 가능성이 배제되면, 그녀는 지루해하거나 짜증을 냈고 반드시 남편과 어떤 것으로든 문제를 일으켰다. 남편과 일으키는 마찰은 그녀가 느끼는 재미없는 삶을 남편의 책임으로 전가하고자 하는 욕구를 충족시키는 것 같았다. 그녀의 재미없는 삶은 자신의 매력을 남자들에게 표현할 수 있고, 남자들도 그녀에게 똑같은 식으로 반응하는 환경이 결여된 탓이라고 여긴 것이다.

그녀의 이런 독특한 증상은 외부 세계로부터 끊임없는 자극을 필요로 하는 그녀의 히스테리성 성격을 구성하는 중요한 요소다. 그녀는 추파의 상대를 찾는 극적이고 과시성 짙은 구애 행위가 이루어질 장소가 필요했다. 이 여성에게 안도감을 제공한 것은 바로 그런 상대 찾기와 찾기를 시도했을 때 외적으로 드러나는 성공들이었다.

이보다 훨씬 더 중요한 것은 이런 안도감이 그녀가 여전히 매력적이라고 안심시키는 역할을 한다는 것이다. 더 구체적으로 말하면, 이것은 그녀가 아직 세상에서 사랑을 받아들일 만한 사람임을 말해주는 아주 중요한 증거다.

그녀에게 세상이 그녀를 용인한다는 증거는 자신의 감정적 삶을 항상 대기 상태로 유지할 수 있는 능력이 있다는 것을 의미한다. 그래야 그녀는 감정 통제 불능의 상태를 로맨틱한 사건을 추구하는 데 필수적이면서 항상 좋은 기분을 느끼려는 욕망을 달성하는 데 필수적인 요소로 느낄 수 있다.

사례 2:
관심을 받고 싶은 강한 욕구

어떤 사교모임에 가든 항상 자신이 남들에게 칭찬과 인정을 받을 수 있도록 교묘하게 대화를 끌고가는 44세의 여성이 있었다. 남들의 관심을 받으려는 그녀의 욕구는 매우 커서 어디에서든 가장 중요한 인물이 되어야 했고, 자신의 욕망이 언제나 빨리 충족되기를 소망했다.

그녀는 히스테리성 성격의 전형적인 특징들 외에도 자신의 용모를 이용해 사람들의 이목을 끌고자 하는 지나치게 강한 욕구가 있었다. 그녀는 다른 사람들과 대화할 때도 과장된 표현을 많이 구사하는 것은 물론, 남자에게 온갖 성적이고 유혹적인 암시를 주었는데, 그 때문에 그녀는 자신의 목표를 성공적으로 달성할 수 있었다. 그녀의 목표는 남들의 관심과 사랑을 받는 것이었다.

암시의 문제와 관련해 이 여성은 대단히 남의 영향을 받기 쉬운 스타일이었다. 그녀의 노골적이고 과장된 사교 행각은 그녀 마음속에 깊이 깔린 의존적인 태도를 가려주는 가면에 불과했다. 의존적인 성격의 소유자인 그녀는 평소에 자신이 무식하며 주변에서 일어나는 사건들을 그다지 잘 인식하지 못한다고 생각했다. 그래서 정보를 얻는 주요 원천으로 남편을 활용했다. 그녀는 개인적인 문제 때문에 사람들이 보통 학교에서 배우는 객관적인 자료에 집중하기가 힘들었고, 이 때문에 고등학교도 간신히 마칠 수 있었다.

학창 시절에 대해 질문했더니 그녀는 언제나 자신의 용모가 어땠는지, 어떤 사내아이가 자신을 좋아했는지, 보편적으로 자기 친구들이 자신에게 진심으로 대했는지 아니면 정작 필요할 땐 도움이 안 되는 친구들이었는지와 같은 문제에 대한 걱정에 늘 사로잡혀 있었다고 회상했다. 그래서 그녀는 늘 정서적으로 불안정했고, 불안감으로 인한 긴장 때문에 주변에서 돌아가는 상황이나 그녀가 해야 할 일에 대해 주변 사람들이 건네는 충고에 무조건 매달려야 했다. 그녀는 불안감 때문에 아주 오래전부터 습관적으로 남의 말을 매우 잘 들었을 뿐만 아니라, 다른 사람들의 요구에 쉽게 따르면서 살아왔다. 그녀가 하는 행동들을 보면, 그녀의 몸과 마음에 의존적인 성향이 온통 배어 있음을 알 수 있었다.

그녀는 남을 정복해야 했다. 이것이 그녀가 유혹하는 행위에 그토록 심하게 몰두할 수밖에 없었던 이유였다. 정복 욕구는 동성 부모와의 경쟁과 관련된 오이디푸스 콤플렉스에 따른 투쟁 때문에 생기는 경우가 많은데, 이 여성의 경우에도 그러했다. 그녀는 어린 시절 내내, 집에서 누가 가장 예쁜 사람인가 하는 문제를 놓고 언니와 엄마와 경쟁을 벌인 것 같다. 이처럼 오이디푸스 콤플렉스에 따라 노골적으로 경쟁했다면, 그들의 진짜 관심사는 '아빠가 누구를 가장 예쁘게 볼까?'였을 것이다.

그녀는 최대한의 이익을 위해 자신의 신체적 외모를 남들에게 과시하곤 했다. 이것은 그녀에게는 성적인 유혹의 형태를 띤 '프레젠테이션'이었다. 이 작전이 효과를 발휘하자, 그녀는 아무리 작아도 긍정적인 반응이 오면 그 사람과 바로 로맨스에 빠지곤 했다. 그녀는 사람들의 칭찬과 관심에 취해 스포트라이트를 받는 기쁨 때문에 매우 중요한 일, 즉 판단 내리는 일을 뒤로 미루기 일쑤였다. 그녀는 실제로 쾌락의 바다에 '휩쓸려갈 때'의 행복했던 기분을 계속 곱씹고는 했다.

그녀의 공상 속 삶의 특징은 바로 이런 로맨틱한 테마였으며, 공상 속에서 그녀의 소망은 거의 항상 이루어졌다. 이와는 반대로 그녀는 남들의 관심을 받으려는 욕구가 워낙 컸기 때문에 관심의 초점이 되는 경우가 오지 않으면, 짜증을 잘 내고 성급해지며, 심지어 화를 내기까지 했다. 이런 조급함이 발달 단계상 미성숙을 상징하는 것으로 여겨지는 지표, 즉 좌절을 감내하는 수준이 매우 낮다는 사실을 이해하는 핵심이다. 게다가 사교 및 성적 정복이 이루어지는 그녀의 공상 속 삶은 크게 과장되어 있다. 그 목적은 적어도 공상 속에서만큼은 그녀가 반드시 목표 달성에 계속 성공하도록, 즉 그녀를 만족스럽게 하기 위함이다.

따라서 남들에게 실망을 준다는 문제는 이 여성에게 매우 중요하며, 무슨 희생을 치르더라도 피해야 했다. 실망은 곧 감정이 억제되고 정지되었다는 것을 의미하고, 정체停滯는 필연적으로 그녀가 충분하지 않고, 매력적이지 않다는 것을 의미하기 때문이다. 그에 반해 실망을 피하려는 욕구가 있다는 사실은 그녀의 정서적 생활이 자유롭다는 것을 의미하며, 감정이 분명히 억제되지 않았다는 확실성은 그녀에게 정복에 대한 욕구와 그런 정복이 가능하다는, 즉 그녀 자신은 화려하고 멋지고 눈부시다는 확신을 갖게 한 원인이 되었다.

더 정상에 가까운
히스테리성 스타일

히스테리성 스타일의 더욱 적정한 형태에서 근심을 최소화하기 위한 방법으로 감정의 배출은 화려한 사교 스타일(지나치게 야한 스타일은 아니지만)을 비롯해 사회적 또는 국제적 상황에 대한 박식함 같은 특징을 지닌 행동의 형태를 취한다. 따라서 더욱 적정한 히스테리성 스타일의 사람은 권리 의식을 내세우면서도 전형적인 히스테리성 스타일만큼 과도하게 내세우지는 않았다고 볼 수 있다.

따라서 이런 사람이 균형 감각을 유지하고 불편한 기분을 떨쳐 버리려면 감정을 배출하는 것이 필요하다. 그럼에도 불구하고 히스테리성 유형을 실제로 더욱 적정하게 취하고 있다면, 그 사람의 판단력은 지속적으로 좋을 수 있으며, 황홀한 소망과 강력한 의존성 태도가 절대적으로 우월적인 지위에 있을 필요가 없다. 그리고 즉각적인 만족에 대한 욕구(비록 약간 긴박한 욕구이긴 하지만)가 반드시 당시의 모든 행위를 지배하는 것은 아니다. 적정한 히스테리성 성격의 소유자도 여전히 순간적인 조건들에 의해 감정적으로 크게 영향을 받지만, 존재에 관한 순간적인 무단침입이 반드시 불안정을 조장하는 것은 아니다. 그런 소극성을 (로맨틱한 만남의 결여가 가져온 결과로서) 히스테리성 유형의 통상적인 행동 방식으로 보기 쉽다. 하지만 소망이 그 사람의 소망 시스템이나 행위를 과도하게 지배하지는 않는다.

　히스테리성 유형의 사람들은 더 나은 기능 발휘와 더 성숙된 인생 접근법을 원해서 실제로 친밀한 인간관계에 관심을 가질 수 있다. 그들은 자신이 보고 싶은 것과 하고 싶은 것만 보거나 행하지 않기 때문이다. 이런 의미에서 '부정'이라는 방어기제는 훨씬 덜 사용된다. 이와는 반대로 전통적으로 실례를 통해 입증되었거나 고도로 활성화된 히스테리성 유형의 사람에게는 선택적 지각(외부 정보를 객관적으로 받아들이는 대신 기존 인지체계와 일치하거나 자기에게 유리한 것만 선택적으로 받아들이는 것-옮긴이)의 사례가 많이 눈에 띄며(사람들은 자신이 보고 싶어하고 볼 필요가 있는 것만 본다), 지각적 방어(바람직하지 않은 것을 무의식적으로 듣거나 보지 않으려는 것-옮긴이)가 사용되는 사례들도 많다(자기가 보고 싶어하지 않는 것은 모조리 걸러낸다). 더욱 적정한 히스테리성 스타일의 사람에게서는 이런 '부인 및 보상의 방어기제'가 실제로 눈에 띄지만, 강도는 낮다.

고강도 히스테리성 스타일 대 저강도 히스테리성 스타일을 비교했을 때 유사점은 많은 외부 자극에 대한 필요성, 다소 과장된 감정 표현, 로맨틱한 공상을 위한 레퍼토리의 증가, 고립 또는 소외에 대한 거부감 등을 꼽을 수 있다. 정도가 더 심한 경우, 로맨틱한 관계에 대한 욕구 때문에 관계와 잠재적 관계들이 끊임없이 순차적으로 이어지는 결과가 생긴다. 더욱 적정한 스타일의 사람은 더 안정되지만, 숫자는 확실히 더 적은 관계를 원한다.

CHARACTER

10장

자기애적
스타일

자기애적 스타일의 사람은 권리 의식으로 무장한 채 행동하는데, 그것이 본인의 깊은 마음속에 깔려 있는 불충분하고 불확실한 감정을 무색하게 한다. 이런 권리 의식은 전적으로 보상적이고(잊혀질 것에 대한 두려움 때문에 자아 고양이 이루어진다), 상상 속의 영웅적 행위와 더불어 역시 상상 속의 많은 하인들이 쏟아내는 과찬의 필요성이 특징인 공상 속의 삶에 활기를 불어넣는다. 그렇기 때문에 입신 출세를 위한 추진력이 매우 강렬하며, 거창한 소망에 대한 끊임없는 욕구가 당연히 수반된다.

이런 사람은 일상에서 자신이 거둔 성공에 대해 남들이 감탄할 때 가장 행복해한다. 마찬가지로 이들의 공상 속에서도 성취 행위는 과대평가되며 그들의 몽상에는 권력·성공·정복이라는 테마가 있다. 게다가 실생활에서의 사소한 성공도 세계에서 가장 큰 성공으로 손색이 없는 듯한 태도로 자기가 거둔 모든 성공을 과장할 것이다. 다른 말로 하면, 자신이 거둔 모든 긍정적인 성공과 자질은 과시하고 극대화하려는 목적 때문에 존재한다.

매우 훌륭한 사람이 되어야 할 필요성에 부합해 이런 사람은 총명함과 아름다움에도 신경을 쏟는다. 둘 다 개인적인 미적 감각에도 부합될 뿐 아니라, 그런 자질들이 자신에게도 적용되고 다른 사람들도 높이 평가하리라고 확신하기 때문이다. 게다가 모두 예상할 수 있듯이, 이런 사람은 자신이 독특하다고 생각하며 남들의 부러움을 사기 위해서라면 무슨 짓이라도 할 것이다. 더불어 이미 악명을 얻었거나 분야에 관계없이 권위자로 대접받는 다른 사람들과 교제하기 위해 애를 쓸 것이다.

이것은 다른 사람의 위대함을 자신의 것으로 동일시할 수 있게 해주는 하나의 공식이다. 마치 그 사람의 위대함이 저절로 자신의 것으로 변한다고 여기는 태도다. 과시욕이 강하게 드러나는 이런 성향은 자신이 중요하고 독특한 사람으로 보여야 할 필요성과 관련되어 있다.

건방지고 오만한 성격적 특징은 우월적인 입장을 유지하려는 욕망에 동반한다. 우월성 욕구를 충족시키기 위해, 이런 사람은 거의 완벽하게 기회주의적으로 살 수밖에 없다. 이렇게 기회주의적으로 정복과 승리를 추구하느라 당연히 타인을 배려하는 마음,

즉 공감이라는 이타적 특질을 발달시키지 못한다. 공감적 충동이나 박애주의적 충동이 실제로 표출되면 그것은 커다란 경의와 존경을 동반하고, 그만큼 숭고한 마음이라는 성격적 특징이 담겨 있어 실제로 다른 사람들 눈에는 고상한 행위로 비쳐진다. 그러나 근본적인 동기의 문제로 들어가면 이런 관대한 충동은 그것의 화려한 몸짓 때문에 생기는 기본적인 우월감에 의해 억지로 표출될 것이다.

여기서 중요한 점은 관대함·수치심·겸손·경의의 행동들은 기본적으로 남들의 감탄을 받고자 하는 자기 도치식 욕구를 만족시키기 위한 것이다. 게다가 그것들은 자부심을 확인받을 때의 황홀한 기분에 바탕을 두고 있으며, 편한 마음과 자기애의 충족에 기여한다.

이번에는 그런 자기애적 만족을 추구하는 것이 초래하는 해로운 결과에 대해 알아보자. 우선 그런 사람들은 남들의 비판에 극도로 민감하다는 특징이 있다. 그래서 별것 아닌 모욕에도 극도로 민감하게 반응한다. 이런 민감성은 자기 불신과 무시되는 느낌을 수반한다. 자기애적 스타일의 사람은 쉽게 수치심을 느낄 수밖에 없고, 이런 수치심이 엄습하면 결국 화를 내는 식으로 반응한다.

자기애적 스타일의 사람들은 이처럼 누구나 겪을 수 있는 별것 아닌 무관심에 취약한 것 외에도 자기 자신을 남들과 끊임없이 비교한 다음, 열등감을 가라앉히려는 끊임없는 시도를 통해 부러움을 억제하려고 한다. 따라서 자아의식이 높아야 얻을 수 있는 안정감이 이들에게는 많이 필요한데, 이것은 실제로 남들의 칭찬과 호의적인 반응을 통해 얻을 수 있다. 특히 다른 사람들이 이런 사람을 상당히 독특하고 매우 지적이고 창의적인 사람이나 혹은 매우 매력적인 사람이라며 특별히 대우해주면 그 만족감은 더욱 커진다.

그러나 이 유형의 사람은 남들에게 진심에서 우러나오는 감탄을 받지 못하면, 남의 인정을 받으려는 절박한 시도로 남들을 조종하려 할 것이다. 자신을 흠모하는 이런 종류의 반응이 결여되면, 자기애적 성향의 사람은 대체로 거창한 공상 시나리오에 따라 전개되는 공상 속의 소망에 의존해 이 문제를 해결하려 할 것이다. 물론 그 시나리오에서 그는 모든 흠모의 대상이다.

공상 속에서 자기애적 만족을 얻기 위해 자신의 사적인 재능과 능력을 과장할 것이 뻔하다. 그래야 그 능력이 상당히 비범한 수준으로 보이기 때문이다. 현실에서 그들이 보유하고 있는 이런 자질은 대개 비범한 것과는 거리가 먼데, 그것은 항상 알찬 성과로(진정한 업무 능력의 측면에서) 남들의 주목을 받기 위한 입신 출세에 온통 정신을 쏟기 때문이다.

따라서 이렇게 많은 정신적 에너지가 공상과 조작에 투입되는 등 오도되거나 방향을 잘못 잡았기 때문에, 대체로 이런 사람들은 결국 능력을 발휘하지 못하고 대부분 심각할 정도로 무능력한 상태로 전락한다.

끝으로 많은 정신적 에너지가 공상과 조작에 투입되는 등 오도되거나 방향을 잘못 잡았기 때문에, 자기 감정이 억제되지 못하게 할 필요가 있다. 그래야 활동을 더 많이 해서 사적이고 영적인 삶의 측면을 분석하지 않아도 되기 때문이다. 자기애적 성향이 강한 사람은 자신의 내면에 대한 분석을 회피함으로써 열등감을 경험할 수밖에 없는 상황까지 회피한다. 이런 유형이 근심을 회피하는 데 핵심이 되는 요소는 당연히 자신의 감정을 억제하지 않는 것이다. 따라서 이 사람들에게 감정의 자유로운 분출은 변함없는 목표다.

사례 1:
그녀의 핸드백 속 상장

64세의 한 미혼 여성은 걸핏하면 다른 사람들의 반감을 불러일으키는 행동을 일삼았다. 그녀는 관심의 대상이 되기 위해 끊임없이 노력하느라 사교적으로 적절하게 처신하는 법을 잊어버렸다. 친구들과 같이 휴가를 가면 그녀는 자기가 호텔을 정하겠다고 우겼고, 그다음에는 자신이 창가 쪽 침대를 쓰겠다고 우겼다. 심지어 저녁 식탁에서도 자기가 늘 한가운데에 앉아야 한다고 우기기 일쑤였다.

그녀는 예전에 대도시 공립학교의 교사였는데, 당시에도 특권 의식에 젖은 듯한 성향을 종종 드러냈다. 직장생활을 하는 동안 에도 그녀는 이야기를 날조해 다른 사람들을 모두 나쁜 사람으로 만들고, 본인은 성숙하고 반듯한 사람으로 보이게 하려고 한다는 비난을 종종 받았다. 이렇게 그녀는 영향력을 행사할 수 있는 지위를 차지할 수만 있다면 남들의 이목을 독점하려는 소망이 담긴 성급한 행동을 비롯해 어떤 짓도 마다하지 않았다.

긍정적인 면을 보면 그녀는 부지런하고 성실한 교사이기도 했기에, 각양각색의 장식품과 학생들의 미술 작품으로 교실을 아름답게 꾸미는 등 학생들을 위한 자료를 준비하는 데 유난히 많은 시간을 할애했다.

이런 일이 축적되면서 그녀는 점차 자신이 쏟은 노력을 당당하게 인정받았고, 그 공을 인정받아 결국 '올해의 교사' 상을 받았다. 그녀는 이 상을 받기를 10년 동안 소망해왔다고 고백한 적이 있다. 그녀의 주변 사람들도 이 상은 응당히 받을 만한 사람에게 주어졌다고 말했다.

긍정적인 이야기를 하나 더 들자면, 그녀는 상당히 생산적인 사람으로 여가 시간에 합창단에서 노래를 불렀다. 한마디로 이 여성은 다재다능했다. 문제는 그녀의 자기도취적(자기애적)인 성향이었다. 부정적으로 보면 사람들이 그녀를 좋아하기 힘들게 만드는 사적인 이유가 되지만, 긍정적으로 보면 설령 남들의 인정을 받고자 하는 이기적인 욕망 때문이라고 해도 자신의 일을 지나칠 정도로 훌륭하게 처리하도록 해주는 요소가 된다.

본인이 자기애적 요소가 강하다는 진단을 받았다는 점을 감안하면 '올해의 교사' 상을 위해 한 행동은 상당히 흥미롭다. 그녀는 상장을 복사한 다음 액자에 넣어 하나는 교실에서 눈에 잘 띄는 곳에 걸어 두었고, 또 하나는 자기 아파트에 걸어 두었다. 그리고 나머지 상장은 깨끗하게 접어 항상 핸드백에 넣고 다녔다. 자기가 제일 좋아하는 것을 핸드백에 넣고 다니면서 단지 그것이 핸드백 안에 있는 걸 알았을 뿐만 아니라 여기저기 다니면서 만나는 사람마다 그것을 보여주기까지 했다.

사례 2:
조울증이라고 잘못 진단받은 남자

45세의 한 남성이 기분이 자주 오락가락한다는 이유로 조울증이라는 진단을 받은 것은 분명 잘못된 것 같았다. 그는 대학교 교수였는데, 어떤 때는 뚜렷한 이유 없이 우울했다가 또 어떤 때에는 유쾌해했다. 이런 변덕 때문에 정신과 의사들은 그가 성격상 광적인 증상과 우울증을 동시에 갖고 있는 조울증 환자라고 진단했다.

하지만 사실 이 남성에 대한 더 정확한 진단은 자기애적 성격의 소유자다. 이런 성격은 쉽게 자기 이상화 성향을 띠는데, 그는 그 세계에서 자신이 이룩한 위대한 업적이나 인정을 마음껏 즐긴다. 하지만 남들의 비판을 받거나 잠시라도 남들의 인정을 받지 못하면 쉽게 자신을 과소평가할 수도 있다. 이처럼 평가 절하의 상태에 빠지면 그는 실망감에 사로잡히고 우울증에 빠질 것이다.

이런 이유로 그가 진단받은 조증躁症의 실제 모습은 스스로 내세우는 위대함이며, 이것은 그에게 행복하고 존중받는 기분을 느끼게 하는 근거다. 반면에 그가 받은 우울증이라는 진단은 사실 자신이 평가절하된 듯한 병적인 기분이었다.

평가절하된 자존심 외에도 기분의 심한 변화를 구성하는 요소가 있다. 바로 과도하게 이상화된 자아 의식이다. 이것은 조울증으로 인해 생기는 변덕과 많이 닮아 있으나, 오히려 자기애적 성격을 지탱시키는 최고의 원동력이라고도 말할 수 있다. 즉 과장된 권리의식이 충족되지 않거나 방해를 받으면, 이때 이것은 어김없이 낙담을 불러일으키는데(마치 우울증처럼 보인다), 여기서 낙담이라는 감정은 분노·수치심·굴욕감과 같은 요소들로 구성되어 있다.

이 남성은 자기 이상화를 지속적으로 추구하는 과정에서 어느 상황에서든 자신이 무엇을 끄집어낼 수 있는가 하는 문제에만 집중했다. 그래서 그가 남들과 맺은 인간관계는 모두 피상적이었으며, 다른 사람들에 대한 관심은 전혀 없이 오로지 자신에게 쏟는 주된 관심에 바탕을 두고 있었다.

게다가 그는 남들의 사소한 비판에도 취약했으며, 다른 사람에게서 비슷한 반응이 오면 그의 자존감은 창피할 정도로 급강하했다. 학생들과의 관계를 살펴보면, 그들이 자신을 어떻게 평가할 것인가 하는 문제로 항상 긴장했다. 그리고 한두 명의 학생이 제출한 교수 평가 점수가 좋지 않거나 자신의 기준에 충분하지 않으면 상처를 받았다.

따라서 이 남성은 우월성의 힘을 추구하되, 자기가 한 일 자체의 가치로 인해 높이 평가받아야겠다고 생각하지 않았다. 항상 업무가 자신에게 어떤 영광을 가져다줄 것인가에 대해서만 생각했다.

같은 맥락에서 그는 또 항상 '자신의 이름값' 때문에 좋은 일이 자신에게 생길 것이라고 예상했다. "내가 누군지 몰라?"라는 문제의 결과는 오로지 그 사람만 해석할 수 있다. 하지만 그는 실제로 자기가 자신에게 부여한 특별한 특권 의식을 다른 사람들도 모두 인식할 것이라고 믿고 기대하며, 또 느끼고 있었다. 물론 그런 인정을 받지 못하면(순전히 자기가 얼마나 위대한 인물인지를 세상이 진작에 알고 있어야 한다는 본인의 생각에 바탕을 둔 착각이지만), 그는 실망할 것이다.

이 남성이 보여주는 자기도취 증세는 전형적인 자기애적 성격에서 볼 수 있는 특징으로, 주변 사람들에게 끊임없는 이목과 찬사를 받기 위한 과시성 욕구가 과장된 것이라고 요약할 수 있다. 그가 사람들과 함께 있는 시간에 가장 바라는 것은, 극단적으로 자신이 공허하고 무가치하다고 느끼는 자기 평가절하에 대한 두려움을 가장 적게 느끼는 것이다.

더 정상에 가까운
자기애적 스타일

자기애적 성향을 지닌 사람(하지만 전형적인 자애적自愛的 인간이라고 볼 수 없는 사람)은 권리 의식을 소유하려는 욕망은 있으나 그것을 무조건 고집하는 일은 없다. 게다가 권리 의식을 소유하려는 욕망이 무산되면, 더 정상에 가까운 자아도취 환자는 물론 크게 실망할 테지만, 그렇다고 완전히 좌절하지는 않는다.

그런 사람들은 자아의식ego이 남들보다 강해 자부심에 어떤 상처를 받았다고 해서 낙담하지는 않으며, 오히려 그런 '평가 절하 사태'를 썩 좋아하진 않더라도 남들보다 나은 균형 감각으로 받아들일 줄 안다.

하지만 그들도 남들의 인정과 자신의 성공을 추구하려는 소망이 있다는 것은 확연하며, 남들에게 찬탄받는 것을 매우 소중하게 생각한다. 다시 말해 전형적인 자기애적 성격의 사람에게 "남들의 찬탄을 받으려는 소망이 공통적으로 관찰된다."라는 말을 더 정상에 가까운 자아도취(자기애적) 성향 사람의 경우에는 "남이 주면 받는 찬탄, 또는 단순한 호의적 평가에 대한 희망이 있다."라는 말로 바꿔야 한다.

이들은 분명히 중요한 것을 성취하는 데 필요한 방식과 수단을 확보해낼 것이며, 그렇게 해서 자신에게 매우 소중한 타인들의 인정을 받을 것이다. 사실 더 정상에 가까운 자아도취자가 일반적으로 발달시키는 전략 중에는 이름을 드러내지 않고도 수행할 수 있는 프로젝트에 시간을 투자한다는 전략이 들어 있을 수 있다.

그러면 비판받을 잠재적 가능성을 피할 수 있으면서도, 어떤 성과를 내든 그것에 따른 최종적 영예·칭찬을 받을 수 있기 때문이다. 이것은 어떤 일에 이름을 드러내지 않은 채 참여함으로써 그 프로젝트가 진행되는 과정에서 자기 자신을 흠모하는 사람이 되려는 사례와 거의 비슷하다. 따라서 더 정상에 가까운 자아도취자는 자신의 재능과 지능, 그리고 그것이 불러일으키는 반응이 사람들의 눈에 확 띄기를 갈망하지만, 그런 재능과 자신에 대한 지능적 면모를 과장하려는 욕심을 억제할 수 있을 정도로 정신적으로 안정되어 있다. 그런 사람들은 권력과 인정을 얻는 백일몽을 꾸지만, 백일몽이 그 사람의 관심·시간·에너지를 완전히 잡아먹을 정도의 규모·강도·깊이로 이루어져 있지 않다.

그들이 자주 그리는 자기애적 그림의 가장 큰 특징은 조급한 성질과 관련이 있다. 그들의 태도가 심통이 난 듯하고, 때로는 거만하게 보이는 것도 바로 조급한 성질 때문이다. 하지만 또 남들과 잘 공감하는 편이며(고상할 정도로), 모욕을 받았던 과거의 경험을 토대로 분노를 억제할 줄도 안다.

그렇기 때문에 전형적인 환자와 비교했을 때, 이처럼 더 정상에 가까운 자아도취자에게는 지극히 기회감염적인(질병 등으로 사람의 면역 체계가 약해져 있을 때 기회를 노려 침투한다는 뜻-옮긴이) 충동들과 지속적이고 가시적인 우월감이 드러나는 상황 등이 없는 것 같다.

마지막으로 더 정상에 가까운 자아도취적 사람은 자신의 마음속 깊은 곳에 있는 자기애적 욕구와 씨름할 수는 있지만, 그런 사람도 본인과 인간관계를 맺고 있는 상대방과의 사이에 호혜互惠적인 사랑과 한결같은 공정함이 있어야 하며, 또 그렇게 되기를 바란다.

CHARACTER

11장

사이코패스
스타일
(반사회적 스타일)

사이코패스(폭력성을 동반하는 이상 심리 소유자-옮긴이) 또는 반사회적 스타일의 특징은 다른 사람들과 자신의 경계선에 대한 관심이 명확하게 결여되어 있다는 점이다. 그렇기 때문에 경계선 침범 사고가 자주 일어난다. 이 말은 사이코패스 유형의 사람은 다른 사람들의 기분에 신경을 쓰지 않으며 오로지 이득을 취하려는 욕구의 충족에만 관심이 있고, 따라서 범죄나 불법 행위에 연루되는 경우가 많다는 것을 의미한다.

　타인들의 경계선과 경계선 침범이라는 문제는 연속된 동의어들을 동원해 설명할 만한 문제다. 그렇게 연결된 관계가 이런 사람의 행동이 안고 있는 핵심적인 문제를 정말로 잘 표현해주기 때문이다. 이렇게 경계선 침범을 나타내는 동의어들로는 위반하기 · 침해하기 · 범하기 · 침입하기 · 잠식하기 · 괴롭히기 · 침범하기 · 공격하기 · 짓밟기 등이 있다.

아울러 사이코패스 스타일의 사람에게서 흔히 볼 수 있는 범죄 행위의 종류는 사기 · 거짓말하기 · 부정행위 · 절도 · 성적 문란 행위 등이다. 사이코패스형 행동의 또 다른 유형에는 가혹한 배우자 학대 행위 · 몸싸움 · 기타 비슷한 폭력 행위들이 있고, 계획적인 살인도 포함된다. 이런 성격에 수반되는 특징들은 타인을 착취하는 성향 · 충동성(결과를 생각하지 않은 채 충동적 행위를 일삼는 성격) · 잘 흥분하는 성질 · 공격성 · 판단력 빈곤 · 계획 불량 등이다.

이러한 악성적인 경계선 침범 행위들을 분석해보면, 이런 유형의 사람은 다른 사람들의 안전을 정말로 신경 쓰지 않으며 완전히 무책임하다. 당연히 그런 정서적 불안 때문에 사이코패스형 인간에게는 한 직장에 꾸준히 근무하는 것과 같은 책임감 있는 태도를 거의 절대적으로 기대할 수 없다. 이렇게 한심할 정도의 불안정성은 미성숙함 · 교활함의 표시이기도 하다. 그리고 여기서 가장 중요한 점은 이것이 양심의 부재를 나타낸다는 사실이다.

양심이 없는 사람은 필시 죄책감이나 양심의 가책도 없다. 게다가 남들의 감정을 공감하는 능력 또한 정상적으로 발달하지 못했다는 사실도 반영한다. 그렇기 때문에 이런 반사회적 스타일의 사이코패스형 인간은 거의 절대적으로 그런 공감 능력을 지니고 있지 않다. 따라서 남에게 어떠한 속임수·사리私利사욕의 추구·경계선 침범 행위를 저질러도 죄책감이나 양심의 가책을 느끼지 못한다. 이런 점을 감안해보면, 이런 유형의 사람은 자제력을 결코 내재화하지(받아들이거나 흡수하지) 못했거나 자제심의 중요성, 그리고 친절하고 예의 바른 멘토 또는 부모를 본받는 것의 중요성을 이해하지 못하고 있다고 말해도 과언이 아닐 것이다.

이런 사람은 자기가 저지른 모든 비행을 합리화하고, 그 비행들이 다른 사람들에게 입힌 부정적이거나 심각한 피해에 대해서는 무관심한 태도로 일관한다. 부정적인 결과를 통해 학습 효과가 발생하지 않는 한, 이런 반사회적 행위의 적나라한 결과 역시 당사자에게 절대로 긍정적인 영향을 끼치지 못한다. 간단히 말해서 이런 유형의 사람은 이런 경험을 통해 더 나은 행실을 보여야 한다는 교훈을 얻지 못한다. 애석하게도 상황은 절대로 나아지지 않기 때문에(그래서 그의 장래는 운명에 맡길 수밖에 없다), 그와 접촉하는 다른 사람들은 그가 보여주는 반사회적인 충동에 매우 취약해진다. 앞에서 설명했듯이 이런 충동은 매우 위험할 수 있다.

사이코패스 스타일이 지닌 내재적이면서 핵심적인 욕구는 자기 감정이 억제되는 경우가 없도록 끊임없이 외부 자극을 만들어내는 것이다. 이론상으로 볼 때, 만약 감정이 억제되면 이런 사람은 메마를 대로 메말라 있을 내면 세계의 공포 때문에 분명 심리적으로 마비될 것이다.

다시 말해 이런 유형의 사람은 내면 세계가 조용하고, 사실상 공허한 상태로 느끼기 때문에 무언가 활발한 것을 만들기 위해 주변 환경을 지속적으로 자극한다. 끊임없이 이어지고, 사람을 흥분시키는 외부 조건을 창조할 필요성이라는 말은 바로 이것을 의미한다.

침묵의 내면 세계에 대한 공포 외에 외부 자극을 지속적으로 만들어내야 할 또 다른 동기는 반사회적 유형의 사람이 보편적으로 가지고 있는 조바심과 짧은 주의 지속(주의력 집중) 시간이다. 심리적으로 마비된 듯한 기분을 갖지 않도록 해 근심을 억제하는 것은 행동화라는 반사작용이다. 이들에게 감정은 통제 불능 상태, 즉 느슨한 상태에 있는 것으로 평가되기 때문이다. 따라서 이들은 자연적, 혹은 본능적으로 충동에 사로잡힐 수 있다.

사이코패스 스타일이 쾌락을 추구하는 한 유형이고, 그런 만큼 불만스러운 상태와 좌절은 무슨 수를 써서라도 회피할 것이라는 점은 분명한 사실이다. 그래서 이런 스타일의 사람은 항상 바쁘게 돌아다닌다. 이들에게 권태는 곧 침묵과 정적을 의미하기 때문이다. 이것을 '운동 행동의 성향'이라고 부른다. 모터는 항상 돌아간다는 뜻이다. 하지만 모터가 항상 돌아가게 하기 위해 모터의 행동 패턴을 원활하게 하는 여러 방어기제들이 함께 존재한다.

그 중 '억압'이라는 방어기제에 과도하게 의존하는데, 이것은 본인이 내면세계를 들여다보고 있을 수 있는 문제들을 생각해내지 못하게 한다. 아울러 '퇴행' 또는 '충동 조절 불능(아이들에게서도 발견된다)'이라는 방어기제도 모두 미숙한 운동 행위를 지속하는 데 큰 역할을 한다.

그 외에도 이들은 신중하지 못하고, 일이 잘못되면 모두 남에게 책임을 전가하며, 늘 그렇듯이 규칙과 규정을 무시한다. 또한 항상 마음이 조급하기 때문에 매번 업무 능력이 평균 이하를 기록한다. 다른 말로 바꿔 말하면, 이런 사람은 무슨 일을 하더라도 전문성이 축적될 만큼 진득하니 한 자리에 앉아서 있지는 못한다.

이렇게 외부 자극을 지속적으로 만들어내야 할 필요가 있다는 사실은 이들에게 감정이 억제되지 못하게 해야 하는 핵심적인 욕구가 있다는 것을 드러낸다. 감정은 이렇게 자유로이 풀려나 있으면서 이런 사람이 가장 피하려고 하는 것, 즉 내면세계가 파괴되었다는 느낌을 갖지 못하게 할 수 있다.

사례 1:
노력 없는 품격

        올해 마흔이 된 매력적인 남성이 있었다. 그는 심한 열등감을 안은 채 살았지만, 남들 앞에서는 매력과 부드러운 말솜씨로 가득 찬 가짜 인격으로 열등감을 감추었다. 그는 항상 옷을 빼입고 다녔으며, 다른 사람들이 자신을 중요한 인물이나 귀하고 가치 있는 사람으로 여기고, 자기를 만나고 싶어하게끔 의욕적으로 행동했다. 하지만 그는 실제로 남들을 기만적으로, 기회주의적으로 대했을 뿐이었다. 그는 심리 상담을 하는 자리에서 자신은 남에게 진정으로 관심을 느껴본 적이 전혀 없었다는 것을 인정했다.

  그는 심리치료 전문가에게 자신이 누구를 어떻게 속여 이런저런 상황에서 이득을 취했는지에 대해 자랑을 늘어놓았다. 치료사는 자신에게 들은 정보를 비밀로 유지할 것이라고 생각했으며, 그의 생각은 옳았다. 따라서 그는 치료사에게 이런 비밀을 누설해서 자신의 명성이 손상될 걱정을 할 필요가 없었다. 이렇게 성공적으로 남을 이용해먹은 사례들을 자세히 떠벌리는 것이 그에게는 가장 큰 기쁨이었다. 심리치료 전문가는 이 남자가 승리의 기분을 경험해야 할 필요성이 얼마나 큰지 상담을 통해 생생하게 알 수 있었다.

그는 전혀 직장생활을 한 적이 없었기 때문에, 그가 그동안 이룩한 어떤 업적도 진정한 의미의 것이 아닌, 지속적인 노력이 전혀 투입되지 않은 상태에서 얻어진 것들이었다. 흔히 우리가 얻는 자존감·품격은 자신의 끈질긴 노력과 고생을 통해 소중한 목표를 달성하는 데서 나오는데 반해 이 남성에게는 그런 품격이 없었다. 그리고 알찬 업적들을 이룩하느라 개인적인 노력을 투입하는 과정에서 평범했던 자부심도 커지게 마련인데, 그에게는 이것이 자기 성격 안에서 구축되는 과정을 경험할 기회가 전혀 없었다.

따라서 그를 통해 가장 뚜렷하게 알 수 있는 사이코패스적 증상은 어떤 상황에서도 최대의 이득을 챙기고자 하는 그의 전형적인 동기들과 관련되어 있다. 이런 측면에서 그는 이득을 챙기기 위해 자신이 개입할 여지가 있는 모든 상황을 예의 주시했다. 이런 시도때도 없는 정찰 행위는 스토킹 행위라고 불러도 할 말이 없을 정도다.

다시 말해 결국 이 남자에게서 보인 가장 두드러진 사이코패스적 증상은 다른 사람, 아니 사실상 거의 모든 주변 사람들에게서 자신의 이득을 취하기 위해 자행하는 스토킹 행위라고 말할 수 있다.

사례 2:
전형적인 쾌락주의자

       53세의 한 남성은 16세 때 소년범(무단침입죄)으로 감옥에서 복역한 적이 있다. 그는 지금도 여전히 범죄 행위를 일삼고 있는데도 불구하고, 그 후 한 번도 체포된 적이 없었다. 그의 냉혈한 같은 태도는 그가 돈을 빌리고도 갚지 않을 때마다 뚜렷하게 드러났다. 그는 그에게 돈을 빌려준 사람들이 아무리 간절하게 애원해도 그들의 사정에는 전혀 관심이 없었다. 그는 오랜 세월 동안 무수히 많은 순진한 사람들을 대상으로 무책임하고 고의적으로 반복해서 사기를 쳤는데, 피해자들은 한결같이 그의 매력과 다변에 넘어갔다.

  그는 충동적인 행위를 반복해서 취업하기가 힘들었고, 취업을 하더라도 한곳에서 직장 생활을 오래 지속하지 못했다. 그는 할 수 없이 작은 소매업을 시도했지만, 그것도 얼마 못 가 실패했다. 그럼에도 불구하고 그는 사업을 접을 때마다 용하게도 시작할 때 투입했던 자본보다 많은 돈을 남기곤 했다. 하지만 그 돈도 오래가지 못했다. 그에게서 사이코패스 스타일의 전형적인 특징인 탈력감脫力感 · 피로 증세가 뚜렷하게 나타났기 때문이다. 그는 어떤 사업을 하든 자신의 에너지를 최소한으로 투입했으며, 빚을 안 갚는 가장 빠른 방법인 파산에만 의존했다.

그가 늘 바빴던 것은 주변에서 자극이 끊임없이 일어나야 하고 자신의 감정과 충동에 어떤 제약도 없어야 하는 그의 욕구를 나타낸다. 이런 점으로 미루어볼 때 그는 제대로 돌아가지 않는 일은 무조건 남에게 책임을 전가하는 성향을 지녔고 전형적인 감정 통제 불능형 성격의 소유자로 판단되었다. 늘 남을 탓하는 그와 같은 성향은 자신의 양심을 깨끗한 상태로 유지하는 동시에 자신이 길길이 날뛰면서 분노를 터뜨릴 수 있는 대상을 창조하는 그만의 방식이었다.

그는 전향적인 성적 부진아였으며, 상당히 자기중심적인 인간으로 후회·죄책감·양심의 가책은 거의 없었다. 또한 그는 평생 도박꾼으로 살았으며 성적으로도 난잡했다. 그는 전형적인 쾌락주의자였다. 지금까지의 상황을 봐도 충분히 예상할 수 있듯이 그는 결코 장기적인 인간관계에 엮인 적이 없었다. 게다가 진실에는 철저하게 관심이 없었다.

총체적으로 이 남성의 내면세계는 메마른 상태에서 행동화되고 기만적인 행위들로 가득 찬 인생을 살았다고 말할 수 있다. 그가 가지고 있던 그만의 해법은 특별한 의미가 없는 행동들을 지속적으로 생각하고 실행해 스스로 활력을 얻거나, 자신을 외부 자극에 민감하게 반응할 수 있도록 늘 흥분된 상태에 놓아두는 것이었다.

더 정상에 가까운
사이코패스 스타일

'더 정상에 가까운 사이코패스 스타일'이라고 정의할 수 있는 것이 과연 무엇인지에 대한 문제는 완곡어법이나 모순어법['a deafening silence(귀를 먹먹하게 하는 침묵)'와 같이 의미상 서로 양립할 수 없는 말을 함께 사용하는 수사법-옮긴이]과 같게 느껴질 것이다.

하지만 실제로 어떤 사람이 사이코패스식으로 이득을 취하는 성향을 발달시키고 있다고 해서 그것이 반드시 만개한 사이코패스형 성격을 발달시키고 있다는 것을 의미하지는 않는다. 낮은 수준의 행동화가 포함된 사례의 경우에는, 여기에 참여하는 사람은 일반적으로 행동을 '구획화'하는 것을 비롯해 그런 행동에 대한 감정적 반응도 '구획화'할 수 있는 커다란 능력을 지니고 있다고 볼 수 있다.

예를 들어 이런 사람은 병원의 대기실에서 책이나 잡지를 '빌려오는' 짓을 할 수 있다. 물론 은밀하게, 그것도 능숙하게 말이다. 설령 가지고 가다가 들키더라도, 이런 사람은 벌금을 낼 필요가 없을 것이며, 그 행위는 어떤 처벌도 받지 않고 영원히 종결될 것이다.

그런 사람이 즐겨 하는 행위가 바로 이런 행위다. 당연히 범법 행위에 해당되지만 겉으로는 처벌하기가 힘들거나, 심지어 처벌하는 것이 법적으로 정당하지 않은 경우가 많다. 학교에서 시험을 볼 때 부정행위를 하는 것도 노력해서 알찬 성공을 거둘 생각은 않은 채 손쉽게 이득을 취하는 또 하나의 예다. 설령 부정행위를 하다가 걸려도 약간의 불신을 받을 수는 있겠지만, 그렇다고 감옥살이를 하지는 않는다.

경계선의 개념을 이해하고, 아무에게도 들키지 않은 채 경계선을 넘을 수 있는 환경이 조성될 때까지, 그리고 그런 조건이 조성되지 않는 한 결코 경계선을 침범하지 않는 사람이 바로 이런 부류의 사람이다.

따라서 '정상에 가까운 사이코패스 유형의 인간'은 낮은 수준의 부적절한 행동을 수없이 행동화하려는 유혹을 느낄 수 있을 뿐 아니라, 처벌받을 가능성과 관련해 경고를 받아들이거나 마음속에서 갈등을 느낄 수도 있다.

따라서 이런 사람은 가끔 합법과 무법의 경계선을 아슬아슬하게 넘나들지만, 그렇다고 해도 이미 안전장치가 다 마련되어 있는 행위만을 할 뿐이다. 어떻게 보면 가짜 인생이라고 말할 수도 있지만, 그들도 우정·가족·업적 등이 들어찬 인생을 만끽할 수 있다.

또 죄책감과 양심의 가책을 느끼기도 하겠지만, 시간이 흐르면서 죄책감과 양심의 가책은 점점 사라지고, 삼류 도둑질과 같은 짓을 '행동화'하려는 습성이 도질 수도 있다.

이런 사람이 중죄로 여겨지는 행위에 절대로 연루되지 않는다는 것 역시 명백하기 때문에 폭력이나 주요 범법 행위는 없을 테지만, 교활하고 자잘한 경범죄는 간헐적으로나마 반드시 저지를 것이다. 이렇게 행동화된 사건들은 감정을 상당히 높은 수준의 통제 불능 상태로 유지하려는 목적을 이루고자 하는 데 효과적이다.

이와 더불어 긴장의 주기적인 해소라는 또 하나의 목적도 달성할 수 있다. 이런 면에서 볼 때, 이런 유형의 사람은 위험한 행동은 하지만 매우 무모한 짓에는 절대 연루되지 않으며, 대개 간헐적으로 외부의 자극을 추구할 때도 있지만 또 조용히 지낼 수도 있다.

부정적인 경험에서 교훈을 얻는 일도 일어날 수 있지만, 세월이 흐르면서 자연스럽게 그 교훈은 사라지기 때문에 그의 도덕적 발달은 명백하게 미숙하고 불완전해진다. 여기서 한마디를 덧붙이자면, 이런 사람은 아마 다른 누구도 쉽게 신뢰하지 못하고, 그 누구에게도 자신의 속마음을 털어놓는 일 없이 평생을 살 것이다.

그럼에도 불구하고 '더 정상에 가까운 사이코패스 유형'의 사람은 건전하고 친밀한 인간관계는 맺지 못하더라도, 수완을 발휘하면, 그리고 운이 좋으면 다소 평범한 삶은 꾸려나갈 수 있다.

더구나 이처럼 낮은 자세로 사는 이른바 사이코패스적 존재도
참담할 정도는 아니더라도 뚜렷하게 미숙하다는 인상을 준다.

CHARACTER

12장

의존적인
스타일

행동의 동기 측면에서 볼 때, 의존적인 사람의 가장 큰 특징은 자신을 보호해주는 부모, 또는 이와 비슷하게 자신에게 안전과 안정감을 제공해주는 기타 권위 있는 인물과 중요하면서도 지속적인 연대를 유지하는 것이다. 이런 유형의 의존적 인간은 항상, 그리고 어김없이 자신을 보살펴주는 인물과 의견이 일치하도록 노력한다. 의존적인 스타일은 자신을 보살펴주는 인물에 대한 존경심 때문에 기본적으로 남의 지원을 간절히 원하고, 글자 그대로 고분고분한 스타일이다. 그래서 당연한 이야기지만, 두 사람의 관계에서는 돌봐주는 사람이 자동적으로 우위에 서게 마련이다.

돌봐주는 사람과의 밀착이라는 목표를 반드시 달성하고자 의존적인 스타일의 사람들은 자신을 보살펴주는 인물에게 우선적으로 충고를 요청하느라, 본인이 독립적으로 생각하고 의사를 결정하는 경우가 거의 없다. 의존적인 사람은 이렇게 독립적인 사고와 행위를 삼가는 것 외에도, 매사에 책임을 지지 않으려 하고, 의사를 결정해야 하는 경우에도 자기를 지원하는 사람에게 의존하는 경향을 보인다. 그리고 무슨 수를 쓰더라도 그 사람의 허락을 얻으려 한다.

그들은 항상 남의 비판에 극도로 예민하며, 마음속에 자기 불신이 늘 팽배해 있고, 돌봐주는 이가 자신을 지원한다는 증거가 필요해 십중팔구 끊임없이 안심되는 말과 행동을 확보하려고 한다. 끊임없는 안심이 필요하기 때문에 정신 상태는 자율적 존재를 향한 동경심과 그가 되기 위한 에너지가 성격 발달의 초기 단계에서 말살된 미숙한 사람으로 그려질 수밖에 없다.

의존적 스타일이 지닌 감정 애착형의 모습을 감안하면, 이런 사람에게 근심은 항상 완화되는 과정에 있는 것이 분명하다. 즉 근심은 이런 독특한 의존 스타일(감정 애착형 스타일)의 효과로 치유된다. 그렇기 때문에 이런 사람에게 가장 두려운 일은 자신을 돌봐주는 사람과 분리되는 사태일 것이다. 그래서 분리의 기미라도 발생하는 일이 없도록 하기 위한, 그리고 분리에 따르는 끔찍한 두려움을 피하기 위한 성격적 성향 또는 협조와 수동성의 특징, 그리고 규칙 준수 등이 이런 사람의 행동에 핵심적인 동기로 작용한다.

심리분석을 통해 의존적 태도·생각·행위에 만성적이고, 심하게 의존하는 성향을 파악하면 항상 거기에는 근본적인 분노가 아주 많이 깔려 있는 것을 알 수 있다. 물론 의존적인 사람, 즉 월등한 힘을 지닌 상대방에게 협조하고 그와 같은 의견을 지니는 것에만 전념하면서 활동하는 사람은 결코 분노를 느끼지도 경험하지도 못한다. 하지만 이론적으로 그러한 분노가 실제로는 의식의 표면 바로 밑에 분명히 무의식적으로 존재하지만, 의존적인 사람은 그것을 전혀 인식하지 못한다는 사실이 널리 받아들여지고 있다.

청소년기의 전형적 모습인 질풍노도 현상은 단순히 호르몬의 급증 및 분출을 동반한 사춘기의 갑작스러운 시작을 알리는 현상은 아니다. 긴장의 분출, 권위 있는 인물에 대한 반항, 행동화에 따른 행동, 그리고 모든 혼란스러운 경험 등이 일어나는 전형적인 청소년기는 부글부글 끓다가 무의식 속에 잘 축적된 분노의 파생물이기도 하다. 그런 분노는 어린 시절 내내 잘 억압되었으며, 어린 시절은 주로, 그리고 당연히 그 시절 경험의 대표적인 부작용이라 할 수 있는 '의존적 상태'로 상징된다. 하지만 사실 어린이들은 이런 시기를 거치면서 자신들을 돌봐주는 사람들에게 생명 유지·안식처·지식·판단·결정·교육 등등 거의 모든 것을 의존한다. 이 어린이들이 청소년기에 접어들 무렵이 되면, 어린 시절 내내 쌓였던 분노가 사춘기의 호르몬 활동으로 야기된 혼란과 합쳐져 우리 모두가 잘 아는 대로 반항적인 청소년, 인습타파적인 청소년(모든 전통을 뒤집어엎기를 바라는데, 이는 본질적으로 부모보다 우위에 서려는 시도이자, 자신의 분노를 발산하면서 동시에 분노의 표현으로 만족감을 얻으려는 시도를 한다)이 탄생하는 것이다. 이것은 "나는 이제 의존적인 사람이 아니다. 나는 이제 아이가 아니며, 자율권이 있다."라고 말하는 것과 같다.

그러나 이미 성인이면서 의존적인 사람의 경우 상황은 조금 복잡해진다. 의존적인 인간관계를 지속해야 할 필요성 때문에 성공적으로 모든 분노를 억압해온 성인은 그에 상응해 소극성·순응·보편적인 미성숙한 태도 같은 성격적 특징을 계속 보여줄 것이다. 이럴 경우 그 사람의 마음속 깊은 곳에 축적되거나 서려 있는 분노는 억압된 채 무의식 속에 영원히 남아 있다. 의존적 조건을 계속 유지해야 하기 때문에 더욱 그렇다.

이런 사람은 정상적인 권리 의식도 표출하지 않는데, 이런 억압된 상태 외에 수많은 레퍼토리로 이루어진 이른바 '신나는 소망'을 보여준다. 다시 말해 현실에서 독립적인 행동을 취하지 못하는 사람이 기껏 할 수 있는 것은 공상 속에서의 행동뿐이다. 따라서 예비 행동과 자발성 따위는 전혀 없으며, 순응이라는 문제에 관련해서도 의존적인 인간은 외톨이 신세를 면할 수 있다면 무슨 짓이라도 할 것이다. 그리고 무엇보다 남들에게서 버림받는 사태를 두려워할 것이다.

의존적인 사람은 자기를 돌봐주는 사람과 분리되는 사태를 면하려고 하며, 그래서 항상 많은 방어기제를 동원해 두려워하거나 걱정하거나 낙담하지 않으려고 한다. 그 중 가장 유용한 방어기제는 뭔가 불충분하다는 강력한 느낌을 끊임없이 보상하는 것이다. 아울러 감정 애착형 스타일의 성격을 지속적으로 강화한다.

사례 1:
대학교를 그만둔 남자

첫 학기가 시작되고 불과 몇 주 만에 대학을 그만둔 18세의 남학생이 있었다. 그는 "모든 것이 자신에게 비우호적이고 냉담하게 느껴졌다."라고 말했다. 캠퍼스를 떠난 직후 그에게는 상담소에 가서 지도 교육을 받는 것이 좋겠다는 권고가 내려졌다. 그가 지도 교육을 받는 자리에는 그의 부모가 동반했다. 부모는 그가 전화로 불러 그 자리에 동행할 수 있었다.

나중에 이런 소외감이나 새로운 환경(집에서 멀리 떠나온 것)에 따른 긴장감은 이 학생이 5세 때 유치원에 등원한 첫날의 경험을 연상시킨다는 사실이 보고되었다. 그의 어머니는 그가 유치원에 등원한 첫날, 자신이 아이를 맡기고 집에 가려 할 때 아이가 훌쩍이기 시작했다며 당시의 상황을 설명했다. 그녀가 정말로 교실에서 나가려 하자 아이의 칭얼거림은 흐느낌으로 바뀌었고, 교실문 밖으로 나가자 아이는 거의 히스테리 상태에 빠졌다고 했다.

이 학생에게는 부모와 분리되는 상황에 부딪친 뒤 근심에 휩싸이는 전례가 늘 있었던 것이 확실했다. 또 그가 13세 때 신문을 배달하는 아르바이트 일자리를 얻은 적이 있었다고 한다. 하지만 마지막 순간에 같은 이유로, 즉 자기 혼자 정해진 임무를 이행한다는 것이 지나치게 걱정되어 그 일을 하지 않기로 했다는 것이다. 그는 이 3가지의 상황에서 모두 공포심과 외로움을 수반한 강력한 분리의 두려움에 휩싸였다.

그가 고등학교에 다닐 때는 우수한 학생이었고, 대학에 진학하는 것이 확실했기 때문에, 대학교 출석에 관련된 분리 불안감은 이 문제가 해결되자 바로 누그러졌다. 즉 그는 자기 고향에 있는 집 근처 가까운 대학에 다니면서 자기 집에서도 생활함으로써 문제를 해결한 것이다.

사례 2:
홀륭한 아내가 된 의존적인 여성

부유한 집안 출신으로 일생 동안 과보호를 받아온 24세의 여성이 있었다. 살아오면서 한 번도 독립적인 인간이 되라는 권유를 받은 적이 없는 것이 확실했다. 따라서 그녀는 자연스럽게 늘 안전하고 안정된 상황을 추구했다. 그녀가 절대로 집을 떠나지 못하는 상황은 아니었다. 실제로 그녀는 24세 때 태어나서 처음으로 순전히 남편을 찾겠다는 생각으로 휴가를 가기로 결심했다. 집을 떠난 그녀의 목표는 본인이 약육강식의 무정한 세상이라고 여기는 이 세상에서 자신을 보호해줄 사람을 찾는 것이었다.

공교롭게도 그녀는 이 첫 번째 도박 겸 휴가에서 정부의 외교부에서 일하는 상당히 유명한 한 남자를 만났다. 그는 그녀보다 거의 20살이나 연상이었으며, 어려운 국제 문제를 해결한 덕에 이미 성공적인 삶을 살고 있었다. 짧은 교제 기간을 가진 후 두 사람은 결혼했고, 그녀는 열심히 가사일을 수행하는 훌륭한 아내의 전형이 되었다. 그녀는 하인들·주방장·운전사·여러 명의 가사도우미들을 지휘해 그들의 다양한 직무를 체계적으로 조정하고 각종 집안 행사를 관리했다.

그녀가 빼어난 솜씨를 보인 것은 바로 이런 분야였다. 그녀에게 딱 맞는 일이었고, 남편은 그런 그녀를 아주 좋아했다. 그리고 이는 그녀가 안도감을 느끼고 사랑받는 느낌을 받는 훌륭한 기회였다. 그녀는 실제로 자기 주변의 환경을 완전히 장악하고 있는 것 같았다.

게다가 그녀가 수행한 점잖고 훌륭한 남자의 아내로서의 역할을 봐도 그녀는 그에게 딱 맞는 배필이라는 생각이 들었다. 이번에도 역시 그녀는 독립적인 사람인 것 같았기 때문이다. 그녀가 상당한 미인이었다는 점도 이런 상황에 도움이 되었다.

그러나 이 모든 현상의 밑에는 그녀가 철저히 의존적인 사람이라는 진실이 숨어 있었다. 예를 들어 그녀는 다른 사람의 말에 반박할 때도 실제로 겁을 먹는 사람이었다. 그녀가 성공할 수 있었던 것은 그 누구에게도 반감을 사지 않기 위해 자신을 내세우지 않았고, 다른 사람들과 교류할 때도 두드러지게 겸손한 태도를 취했기 때문이다. 하지만 현실에서 그런 태도는 말싸움이 일어날 소지를 만들지 않고, 가능한 한 민주적인 태도를 취하려는 자연스러운 성향으로 비쳤다.

결론적으로 이와 같은 평등주의적 태도는 사실 상대방과 어떤 인간관계를 맺고 있더라도 열등한 위치를 취함으로써 그녀의 반사적 반응을 감춰주는 위장술에 불과했던 것이다. 그녀에게는 자신의 진짜 감정을 은폐할 능력이 있었고, 그럴 환경도 조성되어 있었다.

따라서 대저택의 안주인이라는 역할은 그녀에게 완벽한 시나리오였다. 이런 역할을 수행하면서 남들의 거부감과 반감에 시달릴지도 모를 일에 개입하는 사태, 혹은 심한 경우 남들에게 그녀가 세상만사를 두려워하는 미숙한 존재임을 드러내는 사태를 피할 수 있었기 때문이다.

기본적인 성격 스타일 12가지

이처럼 평범하지만은 않은 특별한 아내 역할을 수행하면서 사회적 지위를 누리고 있는 까닭에 그 누구도 그녀와 언쟁을 벌이려고 하거나 그녀의 말에 토를 달거나, 그녀에게 무례하게 구는 일은 없었을 것이다.

의존적 성격의 소유자들은 문제가 생기면 대체로 마법 같은 해결책에 의존하는 경향이 있는데, 이 여성의 경우 그녀가 처한 총체적인 상황 덕분에 마법 같은 해결책이 현실화되었다. 더구나 그런 성격은 일반적으로 빈약한 실천력은 물론, 행동을 취하는 면에서 능력의 부족을 드러낸다. 그러나 이번에도 역시 도우미 집단이 그녀를 둘러싸고 있었다.

이런 상황을 감안하면, 그녀가 그곳에 있든 없든 집안의 모든 일은 효율적으로 잘 돌아갔을 것이다. 그녀는 이 모든 사실을 빤히 알고 있었기 때문에 집안일을 쉽게 처리하면서 한편으로는 지속적으로 안도감을 느낄 수 있었다. 그녀는 자신이 지닌 진정한 감정과 정체는 당연히 아무도 모를 것이라고 생각했다.

물론 다른 사람들이 그녀가 스스로 모자란 듯하다고 생각하고 있고 걱정을 숨기고 있다는 사실을 이미 꿰뚫어보고 있다는 것을 그녀는 알 도리가 없었다. 이런 개인적인 근심은 은폐하기가 거의 불가능하다. 행동에서 다 드러난다.

이런 남편과 환경을 구하는 데 소위 평생에 한 번 올까 말까 한 대박을 터뜨렸고, 그것은 안전감·안도감·감정적 애착(감정

애착형이면서 의존적인 성격의 소유자에게 완벽한 보완적 요소들이다)
을 좇는 그녀의 욕구를 완벽하게 충족시켜주었다.

더 정상에 가까운
의존적인 스타일

더 정상에 가까운 의존적인 스타일에 속하는 사람은
의존적인 성향을 지녔을지는 몰라도 상당히 성공한 사람일 수도
있다. 한 가지 사례를 들어보겠다. 의사면서 의존적 성향을 보였
던 한 남성이 뭐든 지배하려는 성향이 대단히 강했던 여성과 결
혼한 이야기다.

그는 자신이 겪었던 학창 시절 생활처럼 체계적인 환경에서는
대단히 유능했다. 그는 명확하고 쉬운 선로를 나아가듯이 대학교
를 거쳐 의과 대학원을 다녔고, 인턴 과정과 레지던트 과정을 차
례로 마쳤다.

그는 이 모든 과업을 추구하는 동안 단 한 번도 빈둥거린 적이
없었고, 자신에게 제시되는 규범적 가이드라인을 충실히 따랐다.
하나를 마치면 그다음 과업을 시작했고, 그것을 마치면 또 다음
과정을 추구했다.

그는 숙제도 성실히 했고 필요하다면 무엇이든 암기했으며, 그

런 식으로 그저 시류를 타고 움직였다. 그는 한 번도 휴가를 즐기거나 집에서 먼 곳으로 여행을 가지 않았다. 한마디로 이 남자는 정리되지 않은 상황은 절대적으로 피하는 식의 체계화된 삶을 살아왔다.

안도감과 안전에 대한 필요성 때문에 그는 늘 공손한 태도를 취했고, 일상에서 협조적이면서 대체로 보상적인 입장을 취해 사람들이 자신을 좋아하게 만들었다. 그에게는 의존적 필요성을 찾아볼 수 없었고, 그는 결코 화도 내지 않고 불평하지도 않았으며, 유기 공포라든지 분리에 대한 걱정 같은 문제도 다른 사람들 눈에는 그다지 심하지 않은 것처럼 보였다. 물론 그는 이런 긴장을 마음속에 품고 있었지만, 남들이 그것을 쉽게 눈치 채지 못하도록 감정을 억제하는 법을 알고 있었다.

그는 앞장서서 남을 이끌고 가야 직성이 풀리는 여자와 결혼했고, 이것은 평생 방향 제시와 체계적인 삶을 추구해온 그에게는 완벽한 조건이었다. 여자는 세상만사가 자기 방식대로 돌아가야 하는 사람이었고, 남자는 또 이런 상황이 전혀 싫지 않았던 만큼, 그녀는 남편의 삶을 대단히 체계화되고 짜임새 있게 만들어주었다.

그녀는 안전과 안도감에 대한 그의 욕구가 반드시 충족되는 환경을 그에게 제공해주었고, 그는 그녀가 자기를 버릴지도 모른다는 두려움을 손톱만큼도 느끼지 못하며 살았다.

다행스럽게도 그녀는 사치를 즐기며 살 수 있으면서 모든 것을 항상 자기 마음대로 할 수 있는 그 기회를 고맙게 생각했다. 남자에게 이 모든 상황은 자기 무의식 속에 틀림없이 존재하지만 지금 인식하지 못하고 있는 것, 즉 '억압'이라는 방어기제로 마음속 깊은 곳에 쌓여 있는 분노를 더이상 표면화할 필요가 없다는 것을 의미했다.

이렇게 억압된 분노의 저장이라는 측면과 관련해 그에게는 한 가지 다른 뚜렷한 증상이 있었는데, 그것은 바로 항상 낮잠을 자야 한다는 것이었다. 낮잠을 자지 않으면 안 되는 버릇은 그의 입장에서 보면 상당히 많은 양의 분노가 '행동화'된 결과로 보인다. 그가 숨겨 놓은 분노는 그가 자발적으로 실천한 자유를 감소시킨 것과 관련해 개인적으로 느끼는 한계 의식(심리적·감정적인 독립과 관련한 그의 한계)이 심해졌기 때문에 생긴 것이다.

남자는 항상 다짐을 필요로 했으며, 항상 이런 욕구를 만족시킬 수 있었다. 그래서 이 경우에는 상황은 물론 전략 때문에 그는 더 정상에 가까운 의존적인 스타일의 사람으로 분류될 수 있었다. 특히 전형적인 의존적 유형으로 간주되는 사람들은 일반적으로 평균 이하의 성적을 내는 반면에, 이 사람은 실제로 자신의 목표들을 달성할 수 있었다.

감정 애착형이라는 자신의 성격 스타일을 만족시키는 과정에서 그가 특히 근심을 잘 관리할 수 있었던 것은 삶의 2가지 주요

영역인 직업적 진로(그의 직업 생활)와 사생활(남을 지배하려는 성
향의 배우자를 선택함)에서 모두 성공을 거두었기 때문이다.

CHARACTER

13장

수동적 공격성
스타일

수동적 공격성 스타일에는 다음과 같이 뚜렷한 3가지 변종의 보완적 요소가 포함되어 있다. '수동적 공격성: 수동적 스타일'과 '수동적 공격성: 공격적 스타일', 그리고 '수동적 공격성: 의존적 스타일'이 그것이다.

수동적 공격성 스타일은 감정 애착형 태도를 지닌 사람에게 실제로 억압된 분노가 위의 3가지 방식을 통해 '행동화'로 표출되는 성격이다. 사실 모든 수동적 공격성 스타일은 자신이 의존하고 있는 상대방의 존재를 파악하고, 동시에 그 사람을 향해 불만과 분노를 표출하는 데 적합한 성격 스타일이다. 따라서 수동적 공격성 유형의 사람이 가진 동기는 한편으로는 권위 있는 사람과 은밀한 권력 투쟁을 벌이면서 그에 대한 의존 욕구를 유지하는 것은 물론, 동시에 독립하려는 자세를 취하는 것이라고 말할 수 있다.

독립 자세는 말 그대로 자세에 불과하다. 감정 애착형 인간은 본질적으로 권위 있는 인물에 의존적이며, 긴장감을 줄이기 위해서도 그러한 인물의 존속을 필요로 한다. 하지만 이렇게 감정적으로 밀착된, 수동적 공격성 인간이야말로 감정적으로 밀착된 의존적 상태에 대해 분한 마음을 품고 사는 사람이기도 하다.

분노가 행동화되는 과정에서 수동적 공격성 스타일의 사람이 행동하는 핵심적인 동기는 권위 있는 인물에게 좌절감을 주면서도 본인은 처벌을 피하고 싶은 마음이다. 이것은 매우 영리한 의도이며, 반항하는 듯한 기분을 유지함으로써 조금이라도 자주적인 기분(독립성)을 맛보기 위해 이런 식으로 행동한다. 이것은 상대방에게 좌절감을 안겨주는 동시에 그 사람과의 유대관계는 그대로 유지하는, 일종의 삐딱한 쾌락으로 시도되는 행위다. 그리고 반항심을 협조의 탈로 교묘하게 위장한 행위다.

두 목적을 달성하기 위한 삐딱한 행위들은 다음과 같다. 꾸물대며 일하기, 일을 뒤로 미루기, 잊어버리기, 일을 마무리하지 않기 등이다. 따라서 수동적 공격성 성격이면서 감정 애착형 스타일인 사람이 미숙하면 권위 있는 인물과의 의존적 관계를 유지하면서(물론 위험이 따른다) 뚱한 표정을 짓거나, 시비조로 대들거나, 불평하는 행위를 보여줄 수 있다.

사례 1:
수동적 공격성: 수동적 스타일

이런 스타일의 사람은 소극적 태도를 통해 분노를 표출한다. 협조하겠다는 약속에는 암묵적인 것과 명시적인 것이 있다. 하지만 소극적인 사람이 취하는 끝없이 일을 미루기, 마무리하지 않기, 정보 제공하지 않기, 잊어버리기 등과 같은 행동은 우위에 있는 상대방의 분노를 자극한다.

기술자인 남편을 둔 48세의 주부가 있었다. 이 두 사람에게는 10대가 된 두 딸이 있었으며, 그들의 결혼 생활은 부족함이 없었다. 딱 하나의 예외가 있다면, 아내가 저녁 밥상을 차릴 때 항상 뭔가를 잊는다고 말하는 남편의 심한 불평이었다. 그는 사례들을 제시했고, 아내는 모두 사실이라고 시인했다. 그녀는 밥상을 차릴 때 하나도 잊지 않고 모두 다 챙긴 적이 없다고 실토했다. 예를 들면 냅킨이나 식기류, 소금, 후추, 또는 반찬 같은 것이 항상 빠졌다. 분명히 남자는 저녁마다 그녀가 외치는 똑같은 탄식을 들었을 것이다. "아이고, 아스파라거스를 잊어버렸네!" 식탁에 앉았더니 자기만 빼놓고 모두 냅킨을 가지고 있었던 경우도 있었다. 이런 상황에 맞닥뜨렸을 때 그가 늘 떠올렸던 생각은 그의 아내가 매우 수동적인 방법, 이른바 '순진한' 방법으로 자신에게 적대감을 표출하고 있다는 것이었다. 거의 전적으로 그의 생각이 옳았다. 물론 그녀의 적대감이 오로지 그에 대한 것만은 아닐지도 모른다. 아마 하루 종일 집에 있으면서 따분하고 짜증나는 잡일을 해야 하는 자신의 처지 때문이었을 수도 있다. 이유가 무엇이었든 그런 행위는 전형적인 '수동적 공격성: 수동적 스타일'에 속한다.

사례 2:
수동적 공격성: 공격적 스타일

이런 스타일의 사람은 자신의 분노를 더욱 직설적으로 표출한다. 지나친 수다, 걸핏하면 싸우려 드는 기질, 남의 말을 자르는 태도, 따지기 좋아하는 태도, 심한 경우 육체적 싸움 등을 예로 들 수 있다. 그러나 이런 대담하고 호전적인 태도에도 불구하고, 권위 있는 인물에 의존하려는 소망이 여전히 강하다는 것이 이 성격의 가장 눈에 띄는 특징이다.

14살짜리 남자아이가 있었는데, 그는 어린 시절 내내 가족 구성원들은 물론, 동급생들의 관심을 독차지했고, 대체로 말을 끊임없이 빠르게 주절거린 전력이 있었다. 병원의 행정직원이었던 아버지에게 강한 애착을 갖고 있었으면서도, 이 아이는 아버지처럼 강하게 행동하고 매우 호전적인 행동을 보여줄 필요가 있었다. 하지만 아이는 지극히 정상적으로, 그리고 전체적으로 자기 부모에게(특히 아버지에게) 애착을 느끼고 있었다. 아이는 짜증나게 하는 행동을 한 뒤에는 대체로 마음을 진정시키고는 협조적인 태도를 보이곤 했다. 이것은 전형적인 '수동적 공격성 성격: 공격적 스타일'의 사례다.

사례 3:
수동적 공격성: 의존적 스타일

이런 스타일의 사람은 역겹다고(또는 지나치게 상냥해 상대방을 역겹게 만드는) 여겨질 수도 있는 행동으로 자기 분노를 표출한다. 이런 사람은 자발적으로 뭐든지 권위 있는 인물이 시키는 대로 한다. 숨이 막힐 정도로 말이다.

30세의 한 남성은 본인의 입으로 자신에게 도움이 된다고 한 사람들에게 극단적으로 잘 대해주었다. 아내를 위해서라면, 아예 그녀의 컴퓨터 속으로 들어가버릴 것처럼 지극히 헌신적으로 아내의 일을 도왔다. 그는 대학원에 다니는 아내의 과제물을 모두 타이핑해주었고, 도서관에 뛰어가 아내에게 필요한 책들을 골라서 가져다주었으며, 심지어 아내가 청하지도 않은 잡다한 일을 대신 해주었다. 그의 본래 직업은 대학교 교수의 조교였는데(그는 최소한의 급여를 받고 일했다), 그는 그곳에서도 집에서 하는 것과 똑같이 질릴 정도로 헌신적이었다. 이런 행동은 두 사람 모두에 대한 남자의 의존 욕구를 충족시키기 위한 방편이었으나, 그는 동시에 이른바 과도한 '도움'으로 그들을 미쳐버리게 함으로써 무의식적으로 그들에 대한 적대감을 표출하곤 했다. 이런 점을 감안하면 이 남자의 행위는 의존적 스타일을 동반한 전형적인 수동적 공격성 행위로 간주할 수 있다.

사례 4:
수동적 공격성 스타일의 변종

대체로 수동적 공격성 스타일의 변종들의 경우, 이런 스타일의 사람이 달성하려는 목표는 성공의 정도에 관계없이 권위 있는 인물에게 좌절감을 안겨주는 한편, 본인은 그에 따른 처벌을 면하는 것이다. 이것 역시 그 인물에 감정적으로 애착을 느끼고 의존적인 상태를 유지하려는 시도의 일환으로 볼 수 있다. 궁극적으로 수동적 공격성 스타일이 감정적으로 애착을 느끼는 상태를 유지함으로써 근심을 줄이려는 핵심적 동기가 발견되는 것은 바로 이런 종류의 애착(권위 있는 인물과의 응집력은 줄고, 접착력은 증가한다)이다. 그러나 이와 동시에 기본적으로 권위 있는 인물이 가하는 벌이나 보복은 없지만, 그와 적대적으로 분리되어야 하는 필요성은 뚜렷하고 지속적으로 존재한다. 그럼에도 불구하고 분노와 공격성이 밀착되어 있는 인간관계를 위협하긴 하지만, 그 위협 때문에 인간관계가 망가지는 경우는 거의 없다. 궁극적으로 수동성, 공격성, 또는 적대감은 의존성과 애착의 필요성과 함께 적어도 부분적으로만 만족될 뿐이다.

전형적인 수동적 공격성 모드를 드러내는 행위의 사례는 다음과 같다. 식당에서 웨이터가 주문을 받은 다음, 그 주문을 이행하려고 갔는데 손님이 뭔가 추가하려던 것을 잊어 아주 오랫동안 웨이터의 이목을 끌기 위해 애쓴다. 하지만 그 웨이터는 손님이 있는 방향을 절대로 쳐다보지 않고, 여기저기 돌아다니면서 다른 손님들을 접대하며 그 좌절한 손님에게는 전혀 관심을 보이지 않는 경우다.

이런 경우 처음에는 매우 매력적으로 보였던 웨이터는 지금 자기가 무시당한 데 대해 항의하려는 단골손님을 상대하고 있다. 이 웨이터가 매력적으로, 그리고 천진난만하게 사과할 때는 이때뿐이었다. 따라서 수동적 공격성 성격인 웨이터는 깊은 속마음에 있는 분노를 상대방에게 화를 낸 다음, 사과함으로써 표출할 수 있다. 그러면 십중팔구 용서받을 것이 뻔하기 때문이다. 하지만 이런 경우에 사과는 추가적인 수동적 공격성 행위가 있어야 강조될 것이다. 예를 들어 웨이터는 충분한 존경심을 담은 애원의 말로 사과하면서, 이제 모든 것이 해결되었다는 뜻으로 악수의 손을 내밀지도 모른다. 손님은 그런 존경심의 표시와 애원에 화를 누그러뜨리고 손을 잡을 가능성이 매우 크다. 단지 웨이터의 땀에 젖은 손을 만질 뿐이겠지만.

수동적 공격성 성향의 사람은 속마음에 있는 깊은 분노와 공격성을 행동화하는 것을 목표로 삼으면서 권위 있는 인물과의 밀착된 관계는 계속 유지하기를 바란다. 하지만 조심해야 한다.

더 정상에 가까운
수동적 공격성 스타일

더 정상에 가까운 수동적 공격성 스타일의 사람들에게서 일어나는 권력 투쟁은 상대방에게 간헐적으로만 좌절감을 안겨주기 때문에(그리고 이 행위를 지속적으로 또는 능숙하게 하지 않기 때문에), 역겨울 정도로 심한 아부 행위를 삼가기 때문에(상대방을 진절머리나게 할 것이다), 그리고 의존적인 태도가 그리 심하지 않은 것처럼 보이기 때문에(비록 잠복해 있는 의존 욕구는 여전히 강력하게 존재한다) 낮은 강도로 유지된다.

이와 비슷한 헌신적인 행위는 훨씬 적게 발생하고, 상대방의 좌절은 수동적 공격성 성격의 소유자가 추방, 진짜 벌, 또는 방치되는 사태에 대해 걱정할 정도로 크지는 않다.

더 정상에 가까운 수동적 공격성 스타일의 사람은 사교적 상호 관계를 즐길 수 있으며, 다른 사람과의 인간관계에서 상당히 훌륭한 파트너가 될 수 있다. 물론 건망증은 확연하게 드러나겠지만, 수동적 공격성 스타일의 사람은 상대방이 자신의 건망증을 다소 기이한 개성 정도로 치부해, 거기서 파생되는 어떤 분노도 합리화할 수 있게 되기를 바란다.

수동적 공격성 충동의 성질 때문에 근본적인 동기가 상대방에게 좌절감을 안겨주거나 상대방을 화나게 하는 것이긴 하지만, 그럼에도 더 양성에 가까운 수동적 공격성 인간의 충동은 무의식적으로 제한되거나 완화되며, 심지어 의식적으로 더 잘 통제되기도 한다. 물론 수동적 공격성 행동의 특성들은 여전히 눈에 띈다.

게다가 더 정상에 가까운 수동적 공격성 스타일의 사람은 파트너를 상대하는 데 정직하고 공정한 입장을 취하는(실제로 공정한 사람인지는 모르겠지만) 경우가 많으며, 수동적 공격성 동기를 암시하는 어떤 비난이 가해지면, 성격상 정의롭게 또는 분개하는 마음으로 행동한다. 이것은 대체로 효과가 있다.

CHARACTER

_⟩ **14장** ⟨_

불충분한
스타일

'불충분한 스타일'이라는 이름을 얻은 것은 이 스타일의 가장 핵심적인 문제가 그 사람의 삶 중에서 거의 모든 분야에 나타나는 과소 반응에 있기 때문이다. 현대의 정신의학적 분류법에서 불충분한 유형은 카테고리로서는 이미 사라졌다. 그럼에도 불구하고 현재까지 임상의(직접 환자를 상대하는 의사-옮긴이)들이 그런 환자를 접하는 빈도는 '가끔'이 아니다.

이런 사람들은 삶에 필요한 지적·감정적·사회적 자질에 언제나 미흡한 반응을 보인다. 그들의 사회 활동을 관찰해보면 무기력하거나, 서투르거나, 정력이 부족하며, 이따금씩 수준 이하의 판단력을 보이는 것들이 명확하게 드러난다. 그러나 일부 사람들은 아이큐 검사를 해보면, 이런 문제가 결과에 반드시 반영되지도 않고, 즉시 반영되지도 않는다.

　따라서 이런 사람은 전형적인 수준 이하의 반응을 지속적으로 나타내면서 정상적인 삶을 영위할 수 있다. 비록 그런 과소 반응이 아이큐 검사 결과에 크게 영향을 주지 않는 경우가 많지만, 낮은 아이큐 점수에서 실제로 이런 문제를 확인할 수 있는 사례들도 많이 있다. 성격의 발휘가 아이큐에 영향을 준다면, 이는 '운동 행동Motor Behavior'이라는 영역에서 발생한다. 즉 손을 써서 어떤 물체를 조작하라는 과제를 주었을 때 이런 사람의 전형적인 특징인 무기력은 그의 성적에 영향을 준다.

　같은 아이큐 테스트라도 수험자에게 단순히 구두 답변을 요구하는 문항에서는 높은 점수가 나오고, '근육을 움직여 물건을 조작하기'를 요구하는 문항에서는 이와 대조적으로 훨씬 낮은 점수가 나오는 식으로, 문항에 따라 점수의 편차가 생길 수밖에 없다. 그래서 이런 사람한테는 힘없이 자리에 앉아서 묻는 말에 대답이나 하게 하는 테스트가 벌떡 일어나 활동적으로 무슨 과제를 하라고 시키는 테스트보다 훨씬 잘 어울린다.

　그런 사람은 분명히 자신의 가장 중요한 보호자와 감정적으로 밀착된 상태를 유지하는 것 외에, 주요 보호자의 지원을 불가피하게 만드는 방식으로 행동함으로써 긴장과 근심을 관리한다. 게다가 이런 사람의 수준 이하의 반응은 인간관계가 이루어지는 많은 영역, 그 중에서도 특히 성생활·학교생활·직장 생활에서

기본적인 성격 스타일 12가지

골고루 나타난다. 사회생활을 영위하던 중 특정 시점에 실직한 뒤, 아니나 다를까 다시는 자격 미달로 취업이 불가능해지는 사례도 많다.

대체로 그런 불충분한 성격 스타일은 명백한 열등감에 빠져 사회생활을 하는 유형으로 뭔가에 죄인 듯이 성과가 작고, 자신감도 물론 전혀 없다시피 한다. 이런 사람은 자부심을 조금이라도 맛보기 위해, 어떤 상호작용이 이루어지는 상황이나 대인 관계가 이루어지는 상황이 주어지면 그것을 크게 과장한다. 그래야 다양한 상황에 대한 그 사람의 반응에서 신파조의 감상感傷이 보이기 때문이다.

과장된 '중요한 척하는 반응'은 그 사람에게 마치 어떤 중요한 일에 참여하고 있는 듯한 기분이 들게 해주지만, 한편으로는 각종 경험과 관련해 그 사람이 수준 이하의 판단력을 가지게 된 이유를 나타내기도 한다.

판단력이 수준 이하라는 측면에서 생각해볼 때, 이 사람을 온갖 종류의 자멸적 상황에서 구하기 위해 가장 먼저 달려오는 사람은 이 사람의 주요 보호자다. 이런 자멸적 상황들은 그런 사람에게 영원히 없어지지 않는 위험 기피 성향을 심어준다. 그 결과 더욱 심해진 의존성, 소극적인 태도, 위축되는 성향이 그 사람의 가장 큰 성격적 특징과 '정서적 진면목'의 특징으로 기능하기 시작할 것이다.

요컨대 이런 사람은 주로 감정 애착형 스타일을 강화하고 또 보강함으로써 안전감을 얻는 사람으로 간주할 수 있으며, 그 성격 스타일에서 드러나는 의존 및 애착의 욕구는 그 사람이 삶을 영위하는 데 사용하는 기본적인 도구다.

이런 불충분한 성격은 전형적인 의존형 성격 스타일과 마찬가지로 분노의 감정을 완벽한 통제하에 두고 있다. 따라서 분노의 모습은 보여주지 않고 대신 부드러운 외양을 과시하는데, 행동이 중요한 문제가 되지 않는 상황에서는 더욱 그렇다. 다시 말해 이런 사람과 이야기할 때 그 사람의 행동의 부적합성을 예측하기가 어려울지도 모른다. 말하는 능력은 대체로 불충분하지 않을뿐더러 심지어 탁월할 수도 있기 때문이다.

이런 유형의 사람이 사회생활에서 부적합하다는 증거는 많다. 그런 사람이 거둔 성과가 수준 이하일 것이라는 예측은 대체로 정확하다. 예를 들어 불충분한 성격의 소유자는 대체로 어떤 과제를 성공적으로 수행하기 위해서는 단계적인 지침이 필요하고, 무슨 성과를 이미 달성했더라도 그것을 유지하려면 지속적으로 지휘·감독을 받는 것이 나은 사람이다.

이런 사람에게 감정적 안정을 주는 발판의 역할을 하는 특정한 방어기제에는 퇴행적인 미성숙 성향이란 것이 포함되어 있는데, 이 성향을 띠면 (보호자의 주의를 끌기 위한) 감정적 애착이 확실하게 보장된다. 거기에다가 피상적이고, 미숙하고, 어설픈 행동을 보일 수밖에 없으므로 이 스타일의 사람에게 더욱 도움이 되는 방어기제다.

더 나아가 열등감 보상이라는 방어기제를 사용하면, 상황을 중요한 문제를 다루는 듯한 분위기로(드라마틱한 감상을 동원해) 처리할 수 있는데, 이런 분위기는 본질적으로 상황에 부적합하다. 뿐만 아니라 이 유형의 사람은 과도한 '합리화'라는 방어기제를 동원해 상황을 왜곡하고 그런 부적합한 처지에서 벗어나기 위해 애쓴다.

대체로 이런 사람을 특징 짓고, 이런 유형의 사람이 주요 보호자 또는 권위 있는 인물과 감정적으로 밀착되는 것을 절대적으로 필요하게 만들고, 나아가 삶을 영위하는 데 따르는 많은 근심과 걱정을 성공적으로 무력화하는 것은 그 사람의 성격에 전반적으로 나타는 과소 반응이다. 본질적인 문제는 그 사람이 긴장과 근심을 억제하는 방식이다.

사례 1:
해고된 남자

직장에서 매일 일을 마무리하지 않은 채 퇴근한다는 이유로 해고된 28세의 남성이 있었다. 그는 한 대기업에서 우편

물을 분류하는 일을 했다. 그는 머리가 좋았지만, 자신에게 주어진 업무량을 한 번도 채우지 못했다. 그리고 목표를 채우지 못하는 무능력은 그의 상징이 되었다.

결국 그는 직장에서 해고되었다. 지난 몇 년 동안 이런 일이 5~6번 반복되었기 때문에, 그가 집안일을 하고 아내가 생활비를 벌어오기로 두 사람은 합의했다. 이것은 그에게 완벽한 해결책이었다. 이렇게 하면 그는 하루 종일 일을 느긋하게 처리해, 집안에 필요한 각종 가사일을 실제로 모두 완료할 수 있었기 때문이다. 하지만 이번에도 그는 자기 시간이나 에너지를 체계적으로 사용해 집안일을 훌륭하게 마무리하는 경험을 얻을 수 있을 만큼 필요한 일을 완벽히 처리하지는 못했다.

그가 다녔던 직장들에서 얻은 평균 점수는 아마 잘해야 'C-' 정도였을 것이다. 집에 머물면서 집 안을 정리하는 새로운 과업을 맡은 그는 전보다 좀 나아지긴 했지만, 여전히 'A'를 받을 정도는 아니었다.

하지만 아내와의 관계는 나쁘지 않았다. 둘 다 어렸기 때문에 아내는 항상 남자에게 매력을 느끼고 있었다. 게다가 그녀 자신은 집 정돈에 대해서는 별로 관심이 없었다. 부부에게는 자식이 없었고, 자식을 낳을 계획도 없었기 때문에 그녀는 남자를 차지한 것이 기뻤고, 오히려 자신에게 밀착하고 의존하려는 그의 성향 때문에 더욱 기뻤다.

이것은 반복적인 실직이 감정적으로 밀착된 유형인 동시에 불충분한 스타일을 지닌 사람의 증상으로 확인된 명확한 사례였다.

사례 2:
두 아들보다 일이 더 좋았던 이유

2번 이혼한 적이 있고, 두 아들을 둔 60세 남성이 있었다. 그는 두 아들과 모두 소원한 삶을 살고 있었다. 게다가 그에게는 자신이 거쳐 간 여러 직장에서 늘 평균 이하의 성과밖에 못 올리고 과소 반응을 보인 이력도 있었다.

그러다 50세가 되었을 때, 그는 드디어 옷걸이를 만들고 수출도 하는 행거 공장에서 허드렛일을 맡게 되었다. 그가 하는 일은 대체로 숫자를 세는 것이었다. 그는 포장 꾸러미를 세고, 내용물을 기록하고, 또 특정 거래처로 가는 짐을 셌다. 중요한 사실은 그 회사의 사장이 그의 가족을 알고 있었으며, 다행스럽게도 그의 업무 성과가 숫자를 세거나 분류해야 할 화물의 할당량과는 크게 관계가 없었다. 게다가 사장이 그를 좋아했기 때문에, 남자 입장에서는 매우 안정된 그 직장에서 10년째 그 일을 해왔다.

환경이 이렇게 좋지 않았더라면, 이 남성은 절대로 그 직장을 계속 다니지 못했을 것이다. 그는 살면서 되는 일이 거의 없다는 것을 경험으로 알고 있었다. 학교 다닐 때 그가 받은 성적표에는 항상 자신이 총명하긴 하지만 성적은 평균 이하임을 암시하는 쪽지가 첨부되어 있거나, '향상의 여지가 있음' '불만족스러운 성적'과 같은 보기에 체크 표시가 되어 있기 일쑤였다. 그의 성적표에 체크되어 있지 않고 기재만 되어 있던 다른 보기들은 '잘하고 있음' '매우 잘하고 있음' '우수한 성적' 등이었다. 그는 이런 평가를 받는 복을 한 번도 누려본 적이 없었다.

그의 무관심에 두 아들이 화가 머리끝까지 난 적도 한두 번이 아니었다. 하지만 사실 그것은 무관심이 아니었다. 문제는 생일을 기억하거나, 선물을 구입하는 계획을 짤 에너지를 발휘하거나, 뭐라도 해야 한다는 과제에 적절히 대처하지 못하는 그의 무능력이었다. 그들과 아버지의 관계는 점점 어색해졌고, 언제부터인가 그들의 만남은 매우 띄엄띄엄 이루어졌다.

따라서 이 남성의 유일한 즐거움은 일이었다. 그는 회사 사장의 총애를 받는 데서 오는 심리적 안정감과 만족감에 완전히 빠졌다. 그리고 회사 일을 자기가 원하는 방식으로 처리할 수 있다는 사실에서 삶의 위안을 찾았다. 다시 말해 그의 불충분한 스타일에 맞으면서 그를 망가뜨리지 않는 환경적 상황을 만난 셈이었다.

결국 그런 상황 덕분에 그는 매우 중요한 감정적 애착 상태를 지속할 수 있었다. 이것은 그가 양호한 상태로 지속하는 유일한 인간관계였다. 이것마저 없었더라면, 그는 아주 고립된 삶을 살았을 것이다.

더 정상에 가까운
불충분한 스타일

세상에는 이보다 더 낮거나 더 훌륭하게 살아도 여전히 불충분한 스타일로 분리될 수 있는 사람들이 있다. 평균 이상의 아이큐를 가지고 있으면서, 능력은 남의 집의 하인 정도밖에 안 되는 경우도 부지기수일 것이다. 한 예로 35세의 남성이 있었다. 한 직장을 오래 다니지 못하는 스타일이었던 그는 운좋게 직장 생활을 하는 여자를 만났다. 그는 가사일을 맡아서 했고, 회계사인 그녀는 매일 직장에 출근했다.

그 남성은 매우 지능이 높은 사람이었으며, 특히 십자퍼즐을 푸는 데 탁월한 재능이 있었다. 상당히 높은 수준의 어휘력도 보유하고 있었고, 축적된 일반 지식도 상당했다는 것은 굉장히 흥미로운 사실이었다. 그가 학교를 다닐 때 많은 교과서로 지식을 쌓을 수 있었음에도 시험에서 좋은 점수를 받는 일은 매우 힘들었기 때문이다.

남들이 그를 원하지 않을 때야말로 그는 혼자서 별 탈 없이 잘 살아갔다. 하지만 다른 사람이 그를 필요로 하면 그는 헤매기 시작했다. 그것이 그가 한 가지 일을 꾸준히 하지 못하고, 심지어 시험도 보지 못하는 이유였다.

따라서 그가 혼자 무언가를 할 때는 어떤 무기력이나 서툰 모습도 눈에 띄지 않았으며, 대체로 과소 반응을 보이지도 않았다. 그의 문제는 항상 다른 사람과 함께 일하는 것에 있었다. 하지만 아내가 볼 때 그에게 아쉬운 것은 없었다. 다시 말해 아내는 그가 집에 있기를 원했고, 그렇게 함으로써 그는 애착 욕구도 충족시키면서 그녀의 지원도 느꼈다. 이런 상황에 놓이면 불충분한 스타일도 더욱 정상이 된 듯한 기분을 느낄 수 있으며, 실제로 능력을 더욱 잘 발휘할 수도 있다. 남들이 자신을 인정한다고 느끼는 한, 또는 많은 요구조건이 자기를 주시하는 환경에 놓이지 않는 한, 연속되는 실직·열등감·빈약한 판단력 때문에 더이상 버티지 못하고 무너지는 일은 없다.

반복해서 말하지만, 애착에 대한 필요성이 충족되는 환경에 놓이면 감정 애착형인 사람은 십중팔구 자신의 모든 분노를 억제할 수 있을 것이다.

이런 유형의 사람들은 신파조의 과장된 제스처를 통해 보상적이고 거창한 기분을 추구하지만, 타인에 대한 애착 욕구가 확실하게 충족되거나, 특히 직장의 상황이 원활하면 그런 과시는 사라진다. 불충분한 스타일에게 유리한 이런 조건에서는 더 정상에 가까운 기능 발휘의 사례가 더욱 잘 관찰될 것이다. 비록 이런 균형 상태가 다른 사람들이 큰 인내심을 발휘할 때 존재할 테지만 말이다.

불충분한 스타일

CHARACTER

15장

경계선 스타일

심각한 정서 불안 때문에 생긴 경계선 스타일은 지속적이고 매력적인 인간관계를 맺게 될 가능성이 조금도 없을 때 초래되는 성격적 혼란과 심적 고통을 최소화하기 위한 의도로 형성된다. 이런 유형의 사람은 어떤 인간관계도 부침이 너무 심해 감당하기 힘들며, 분노를 느끼는 것과 단순히 좌절을 견디는 것 사이의 경계선이 너무 희미하다. 무시당하기도 하는 것(평가절하) 같은 사람에 대해 끊임없이 우상 숭배(이상화)를 한다는 것이 너무 혼란스러워 생각하기나 타협하기가 힘들다고 여기기 때문에, 어떤 인간관계도 철저히 무시하는 것처럼 보인다. 하지만 실상은 그렇지 않다. "당분간 떨어져 있는 것이 나을지도 모른다."라는 말은 이런 사람이 지닌 고유한 철학 및 심리적 성향을 나타낸다. 그러

므로 진지하거나 중요한 관계를 일관되게 진행시키고 강화할 필
요성은 그들에게 핵심 문제가 된다. 그리고 이 모든 문제의 원인
은 안정된 방식으로 일관된 태도를 취하지 못하는 심각한 무능
력이다.

　따라서 이 유형의 사람들은 인간관계가 제한적이다. 그리고
인간관계의 폭이 좁다는 것은 이런 사람이 겪는 최악의 두려움
을 어느 정도 줄여주거나 억제시킨다. 이 끔찍한 두려움(이것 외
에 경계선 스타일의 소유자가 흔히 경험하는 피할 수 없는 예상도 마찬
가지다)은 개인적으로 불안한 요소들과 공존하는 '버림받을지 모
른다.'라는 우려에 대한 것이다. 자아에 대한 이와 같은 불안감은
또 충동으로 인한, 잠재적으로 해로운 효과를 많이 동반하는데,
대부분의 경계선 스타일의 소유자들은 이 충동을 실제로 행동화
한다. 하지만 이번에도 모두가 그런 것은 아니다. 이것은 일종의
자기파괴적인 충동으로, 성적으로 난잡하고 위험한 행위, 마약
복용, 전체적인 무모함, 자살 흉내를 비롯해 많은 자해 행위(부분
적인 자상으로 대체로 팔이나 다리에 가해진다)가 여기에 속한다. 게
다가 이들은 대체로 감정의 기복이 심한 편인데, 이런 기분 변화
는 충동적 행위라는 특징과 더불어 반사적인 분노, 분노의 갑작
스러운 표출, 좌절을 견디는 능력의 부족(즉 무능력) 등과 같은 주
요 특징들이 어우러져 있다. 이들은 어떤 사교 모임(각별한 예의
와 공손한 태도를 요하는 사교 행사도 포함)이라도 망칠 수 있다. 행

사가 한창 진행중일 때 격앙된 목소리로, 그것도 예상대로 그 행사에서 가장 중요한 사람을 향해 분노를 터뜨려 행사를 방해하는 것이다. 이런 예상치 못한 사태가 벌어지면 거의 대부분은 행사에 짙은 먹구름이 드리워질 수밖에 없다.

경계선 스타일의 내면세계는 분노·근심·우울한 분위기 등으로 가득 차 있으며, 이런 요소에는 '허무감'이 뒤따르는 경우가 많다. 그리고 이런 부적절하고 갑작스러운 감정 폭발이 있은 뒤에는 끔찍한 후회도 뒤따를 수 있다.

이런 사람에게는 이렇게 오락가락하는 기분 외에 갑작스럽게 짜증이 분출하는 현상과 더불어, 장시간의 공상과 개인적 정체성에 대한 주기적인 감각 상실과 같은 해리성 반응도 자주 발견된다. 간헐적으로 편집증적 임계(臨界, 위험한 상태) 상태와 매사를 의심하는 태도 역시 나타나는데, 이런 상태에 빠져 있는 경계선 스타일의 사람은 눈에 띄는 모든 것을 비판하다가 나중에는 다른 사람들이 그렇게 행동한 동기를 철저하게 의심한다.

이러한 불안정성은 경계선 스타일이 노이로제(강한 공포와 근심-옮긴이)와 정신병에 다리를 하나씩 걸치고 있는 사람이라는 사실을 보여주기 위한 것이 아니다. 반대로 그 사람 인생의 거의 모든 영역에 일관성이 없다는 사실과 관련이 있다. 여기에는 가족 관계, 일반적인 대인 관계, 학업 수행 능력, 직업적 성공, 그리고 대부분의 사람들이 정상적이고 전형적인 쾌락으로 여기는 지속적인 개인적 쾌락의 축적 같은 부문들도 포함되어 있다. 이런 정상적인 쾌락에는 독서·친구들과 즐기는 저녁 식사·종교 행사 참석·TV 시청·다양한 취미 활동 등도 포함되는데, 이 모든 것은 보통 사람 또는 비교적 잘 적응하는 사람은 대체로 이런 정상적인 쾌락을 습관적 또는 상당히 일관되게 몰두한다는 사실을 시사한다.

이른바 '3가지 핵심 조건'은 경계선 스타일의 사람에게는 분열상을 나타내는 3개의 넓은 영역이 있다는 것을 의미한다. 범불안汎不安, Pan-Anxiety, 범성애汎性愛, Pan-Sexuality(섹스를 추구할 때 상대의 성별을 가리지 않는 성적 취향-옮긴이), 그리고 범방어주의Pan-Defensiveness가 그것이다. 'pan'이라는 용어가 포함되었다는 것은 근심·성생활·방어주의에 관련된 문제는 이런 류의 인간이 영위하는 삶의 모든 측면에 영향을 주거나 침투한다는 뜻이다. 이 '3가지 조건'과 관련해 다른 말로 설명하면, 근심·성생활·방어주의에 관련된 이 사람의 삶에서 갈등이 없는 영역은 없다는 것이다.

근심은 거의 항상 존재하며, 방어 구조는 항상 변하고 있다. 이와 같이 끊임없이 변하고자 하는 성질 때문에 경계선 스타일의 사람은 많은 방어기제들을 사용하는데, 대체로 강박신경증 스타일·히스테리성 스타일·우울성 스타일·편집성 스타일 같은 다른 성격 유형들과 관련되어 있고, 또 그런 유형에서 흔히 볼 수 있는 것들이다. 경계선 스타일의 사람의 경우 성적인 요소는 본질적으로 미숙한 방식으로 표출될 수 있으며, 상당히 혼란스러워서 잘못하면 다형도착多形倒錯성(난잡하고, 특정 예상이나 일반적인 예상에 부합하지 않는 성생활) 인간으로 오해받을 수도 있다.

전체적으로 볼 때 경계선 스타일의 사람은 삶의 전 영역에서 드러나는 불안정성 때문에 감정적으로 분리된 유형으로 간주된다. 감정을 일관되게, 한결같은 상태로 유지하고 억제하는 일은 절대로 쉬운 일이 아니다. 따라서 그런 사람이 감정적 교란을 최소화하기 위한 가장 안전하고 확실한 방법은 자신을 감정적으로 분리된 상태로 유지하도록 노력하는 것이지만, 놀랍게도 그 방법은 성공할 수 없다. 왜냐하면 일상적인 삶에 몰두하려는 은밀한 소망을 반복해서 품기 때문이다.

사례 1:
분노 억제가 힘든 여성

22세의 한 여성은 연기 학원에 다니고 있었다. 강사는 수업을 겨우 2번 하고 난 뒤에 그 여성을 교실에서 쫓아냈다. 그녀가 이런저런 논평을 불쑥 뱉거나, 어린애처럼 뚱한 표정을 지어 불쾌감을 드러내거나, 심지어 얼굴 표정으로 과장되고 성급한 불만을 드러냈기 때문이다. 그녀는 자신이 한 말에 다른 사람이 동의하지 않으면 울음을 터뜨렸다. 강사는 그녀에게 정신과 의사의 진료를 받아보라고 권유했고, 그녀는 그의 말을 따랐다.

정신과 의사와 상담할 때 그녀가 보여준 행동은 연기 학원의 교실에서 보여준 것과 정확하게 똑같았다. 충동적이었으며 기분 변화가 심했다. 그녀는 애당초 분노의 불씨를 안고 살던 사람이었으며, 그녀가 앓고 있던 경계선 장애의 중요한 특징은 바로 이런 분노의 갑작스러운 표출이었다.

이 젊은 여성의 삶에서 문제가 되는 것은 그녀가 자기 감정, 특히 분노의 감정을 억누르거나 통제하지 못하는 경우가 매우 잦았다는 점이다. 마치 그녀에게는 의식적인 억압이든 반사적인 억압이든, 그런 방어기제를 사용할 능력이 전혀 없는 것 같았다. 그녀의 머릿속에 어떤 생각이 떠오르든 그것은 1/1,000초도 안 되어 그녀의 혀로 옮겨졌다. 따라서 그녀는 어떤 분노의 감정이 떠오르든 그것을 누그러뜨릴 의지도 능력도 없었다고 봐야 한다. 아무 말이나 중요한 일이라도 되는 듯이 불쑥불쑥 내뱉는 습관은 당연히 사교적 측면에서 볼 때 대단히 바람직스럽지 않은 습관이었다.

감정적으로 분리되고 난 후 이 여성의 감정적 불안정성은 다소 누그러졌다. 또 그녀의 사교 행위 자체가 감소했기 때문에, 그녀가 어떤 감정의 불안정성을 드러낼 가능성도 같이 줄어들었다. 이 경험은 그녀에게, 감정적으로 분리된 사람이 사교적으로 약간

기본적인 성격 스타일 12가지

더 고립된 상태를 유지하기만 해도 자기방어를 할 수 있음을 보여준 분명한 사례였다. 이 모든 행위가 더 많은 감정적 안정을 달성하는 데 도움이 되었다. 하지만 그녀의 감정적 분리 과제는 중간 정도만 달성되었다.

사례 2:
아버지에 의한 성적 트라우마

이른바 3가지 핵심 조건을 가진 한 여성이 울음을 멈출 수 없는 증상으로 한 주립 정신병원에 입원했다. 병원 직원들은 그녀가 경계선 장애가 심각한 환자임을 금방 알아보았다.

그 환자는 이제까지 오직 한 남자와 성적 경험을 한 35세의 여성이었다. 그녀의 아버지는 그녀가 8세일 때부터 간헐적으로 성추행했고, 그녀가 아버지에게 그만두지 않으면 어머니에게 말하겠다고 경고한 15세 때까지 계속되었다. 그때부터 그녀의 아버지는 실제로 그녀에 대한 성추행을 멈추었던 것 같다. 3년 후, 이 여성은 그 사실을 아무에게도 말하지 않은 채 집을 나왔다. 범성애의 정의는 이 사례에 잘 들어맞는다. 그녀가 강제로 성추행을 당했다는 사실에도 불구하고 성추행이 지속된 기간이 길었기 때문이다.

그녀는 예의범절이 아주 훌륭한 여성으로 고등학교를 졸업한 직후인 18세 때 집을 떠난 이후 줄곧 혼자 살았다. 그녀는 자신이 마음을 추스르고, 그 추악한 사생활에서 벗어나고 싶었던 때가 바로 그때였다고 설명했다. 그녀는 '그 비밀'을 두 남동생, 어머니, 그리고 모든 학교 친구들을 포함해 아무에게도 말하지 않았다. 그녀는 집에서 나올 때 아무에게도 자신의 행선지를 말하지 않았다. 마침내 남동생 중 한 명과 연락해 그 옛날 자신에게 벌어진 끔찍한 일을 털어놓은 것은 그로부터 7년 후, 그녀가 25세가 되던 해였다.

중서부의 한 주에서 자란 그녀는 집에서 달아날 때 뉴욕시로 가는 버스를 탔다. 그녀는 금세 맨해튼에 있는 한 작은 식당에 설거지 담당으로 취직했으며, 저녁에는 호텔에서 청소부로 일했다. 그녀는 25세가 될 때까지 이런 식으로 7년 동안 2가지 일을 했으며, 잠은 YWCA에서 잤다. 이 기간 동안 그녀는 거의 친구를 사귀지 않고 홀로 지냈다. 기적적으로 그녀는 자신의 마음을 짓누르는 엄청난 근심과 울음병을 드러내지 않은 채 매일 꾸준히 직장에 다닐 수 있었다. 그녀를 짓눌렀던 큰 긴장감도 범불안의 훌륭한 사례로 손색이 없다. 그녀는 자신을 울게 만든 극도의 민감성을 숨길 수 있었기 때문에, 마찬가지로 불현듯 치밀어오르는 분노도 거의 완벽하게 숨길 수 있었다. 게다가 그녀는 임상적으로 고기능 경계선 스타일 집단의 특징으로 간주되기도 하면서 경계선 스타일의 변종이라는 진단을 받긴 했지만, 그럼에도 불구하고 계속 직장 생활을 이어갔다.

그녀는 아버지에 의한 성적 트라우마(정신적 외상)가 있었기 때문에 성관계를 기피했다. 남자들은 그녀에게 끊임없이 접근했지만, 그럴 때마다 그녀는 항상 감정적으로 급속히 무너졌고, 한 번 울음이 터지면 몇 시간씩 지속되곤 했다. 그녀는 또 '칼잡이'였다. 그녀는 면도칼을 사용해 남들이 상처를 보지 못하도록 허벅지 안쪽을 찌르곤 했다. 그녀는 이렇게 자해를 할 때마다 견딜 수 없이 짓누르던 긴장감이 해소되었다고 주장했다. 자해 습관은 앞에서도 언급했듯이, 전형적인 경계선 스타일의 증상이면서, 의사의 진단으로 쉽게 밝혀낼 수 있는 그 사람들의 특징이다.

아울러 그녀 역시 과다할 정도로 많은 방어기제들을 사용했다. 그 중 범방어주의는 그녀가 긴장을 억제하기 위해 숫자들을 생각하고 종교의식을 치르듯이 집요하게 숫자를 셀 때처럼, 극한의 자제력을 발휘해야 하는 순간부터 깊은 우울증에 빠져 있음이 드러나는 울음 모드로 바뀌는 때까지 수시로 사용되었다. 또 그녀는 약간 히스테릭한 상태가 된 적도 있었는데, 이 증상(과잉 흥분)에는 피해망상적인 생각도 포함되어 있다. 이렇게 많은 증상들 때문에 그녀는 매우 신중하게 자신을 다른 이들로부터 고립시켰다. 고립감을 느낄 때 안전감도 느낄 수 있었기 때문이다. 그러던 어느 날 그녀는 도저히 울음을 멈출 수 없었고, 아버지에 대한 폭력적인 환상이 계속 떠올라 스스로 병원을 찾아가 입원했다. 앞서 이런 일이 일어났을 때는 칼로 자해를 했지만, 이날 저녁만큼은 자해로도 당시 그녀를 휩싸고 있던 긴장감이 해소될 것 같지 않았다. 이날만큼은 뭔가 다르다는 느낌이 들었다. 그녀는 평소보다 5~6번 더 찔렀고, 두려움에 휩싸여 마침내 병원에 전화를 걸었다. 병원 직원은 그녀에게 병원에 와 상담을 받으라고 요청했다. 이것이 그녀가 입원하게 된 과정이었다.

이 여성이 보여준 일련의 증상들과 사용하던 방어기제들, 그녀의 마음을 지배하고 있던 근심 등이 결국 그녀가 입원할 수밖에 없었던 원인이 되었다. 그녀의 자신감은 매우 약했지만, 한편으로는 집을 떠나 오랫동안 독신으로 살면서 두 직업을 유지할 만큼 강인한 면도 있었다. 경계선 스타일의 사람으로서는 다소 이례적인 경우였다. 이런 조건에서는 대체로 직장 생활을 지속하기가 어렵기 때문이다. 그녀는 경계선 스타일에 속하지만 유능하다는 점, 두 직장을 모두 고수했다는 점 때문에 다른 사람들로부터 소외된 삶을 지속할 수 있었던 것 같다. 이 말은 그녀가 직장 생활을 하면서 사적인 인간관계를 다소 표피적인 수준으로만 유지해도 좋을 여유가 생긴 것이 분명했다는 뜻이다. 그녀는 싸구려 호텔에서 청소부로 일할 때도 동료들과 진지하거나 사적인 접촉을 전혀 하지 않은 채 출퇴근했다. 그녀는 혼자 밥을 먹었고, 동료들이 점심이나 저녁을 함께하자고 권유할 잠재적 가능성을 원천 봉쇄했을 때 자신이 느꼈던 안도감을 상세히 진술했다.

　그녀는 정신적 외상에 시달리는 건강 상태 때문에 고립된 삶을 추구했고, 이런 고립과 감정적 분리 덕분에 조금이나마 마음의 평화와 긴장감의 해소를 얻을 수 있었다. 자해 행위와 울음병에서는 해방되지 못했지만 말이다. 그녀의 감정에서 추구하는 주요 목표는 자극적인 감정을 줄이는 것이었다. 그녀는 이런 식으로 자신의 행위를 명쾌하게 꿰뚫어보는 통찰력을 얻었고, 외부 자극을 너무 많이 받으면 자신은 감정적으로 큰 혼란을 겪는다는 사실을 알고 있었다. 그녀에게는 동료들과 간접적으로 맺는 사회적 상호 작용만으로도 충분했다.

더 정상에 가까운
경계선 스타일

　　　이런 종류의 스타일에 "더 정상에 가깝다."라는 평가가 내려질 수 있는 것은 이른바 '고기능' 경계선 스타일이 무엇인지를 심사숙고할 경우에 한한다. 흥미로운 점은 꽤 높거나 중요한 직책에 앉아 있는 사람들 중에서 이런 사람을 상당히 쉽게 찾을 수 있다는 것이다. 그들이 그런 중책을 맡을 수 있는 것은 절대로 우정에 따른 책임을 완수하지 않으면서 타인들에게 관심이 있는 척할 수 있기 때문이다. 물론 그들에게는 사교하는 것처럼, 친밀한 상호 작용을 하는 것처럼 위장하는 능력이 있다.

그래서 이런 고기능 경계선 스타일의 소유자는 직장 생활에서 오는 압박감을 견딜 수 있다. 하지만 무슨 수를 써서라도 고고한 태도를 유지하고 상당히 감정적으로 분리된 상태를 유지하는 동시에, 사교적으로 사람들을 만날 여유가 있는 사람으로 보여야 한다. 이런 유형의 사람은 이런 조건이 충족되면 가끔씩만 자해 행위에 몰두할 것이며, 다른 사람들을 평가절하하려는(진정한 경계선 스타일의 트레이드마크다) 강한 충동도 아주 드물게 드러낼 것이다. 게다가 감정적으로 분리를 추구하는 정반대의 욕구가 자기 마음속에 늘 있는 상황에서도 의식적으로 남들에게 사랑받을 욕구를 경험하고도 남는다.

한마디로 더 정상에 가까운 경계선 스타일은 더 안정되어 보인다. 기본적으로 불안정한 자존감이 대부분 항상 존재하지만, 그럼에도 불구하고 그런 감정은 이보다 더 심각하거나 전형적인 경계선 스타일의 소유자들만큼 확연하게 드러나지는 않는다. 게다가 그런 사람들은 대체로 과도한 약물 복용에 시달리지 않으며(하지만 향정신성 약물을 찾을 것이다), 무모하지도(경계선 인격 장애 환자들에게서 전형적으로 보이는 현상이다) 않고, 솔깃한 자살 생각(전형적인 경계선 인격 장애 환자의 특징이다)에 몰두하지 않을 것이다.

기분 변화가 잦아지는 현상도 분명히 존재하지만, 이런 사람들은 훨씬 능숙한 방법으로 그것을 은폐한다. 분노의 충동을 갑자기 터뜨리고 싶은 욕구도 분명히 있지만, 예상되는 훗날의 후회 때문에 금방 김이 빠지는 경우들도 꽤 있다. 게다가 정말로 분노가 사라졌다면, 그것은 이들에게 흔히 나타나는 매우 파괴적인 종류의 분노는 아니라고 봐야 한다.

마지막으로 더 정상에 가까운 경계선 스타일의 사람은 전형적인 경계선 인격 장애 환자들의 상태와 비슷한 경향을 보이더라도, 전형적인 경계선 인격 장애 환자들처럼 자존감$_{ego}$이 종이처럼 얇지 않으며, 따라서 위험성도 적다. 전형적인 경계선 인격 장애 환자가 스스로 '아무것도 아닌 것'이라고 여기는 반면, 더 정상에 가까운 경계선 스타일의 소유자는 대단히 평가절하된 감정은 물론이고 모종의 성취감과도 공존할 수 있다. 그리고 고기능 경계선 스타일의 사람처럼 흥미로운 개인적 목표들을 달성할 수도 있다.

CHARACTER

16장

우울성 스타일

감정 분리형에 속하는 우울한 성격의 소유자는 전형적인 양극성
유형으로 조울증 유형과는 다르다. 후자는 우울증을 순환적으로
보인다.

"자, 지금은 보이죠(한동안 조증이나 우울증세를 보인다), 이젠 안
보이네요(지금 조증 상태이며 이전에는 우울 증세를 보였다. 혹은 그
반대의 경우였다)."

우울성 스타일에 속하는 사람은 자식을 야단치고 책임을 따지
는 부모 또는 항상 직접적이고(물론 간접적일 때도 있지만) 적대적
인 말투로 자식을 집에서 쫓아내겠다고 위협하는 성향으로 자식
에게 영원한 우울증의 흔적을 심어주는 부모에게 악영향을 받은
사람이 있다. 하지만 대부분의 경우, 주요 보호자인 부모는 실제

로 자식들에게 육체적 안전을 비롯해 음식과 보금자리를 보장하는 형태로 보살핌을 제공했을 것이다. 그리고 애정 또한 보여주었을 것이다.

그러나 부모가 복종·순응·허락받기 등에 대한 기대치 때문에 아이들에게 엄격한 태도를 취하면, 아이는 자기가 만약 불복종의 뜻을 보일 경우 무슨 일이 일어날지 불안하게 생각한다. 아이의 입장에서 보면 이 문제는 충돌에 대한 두려움이라는 문제로 변질된다. 따라서 그런 사람은 나중에 육체적 폭력 또는 그런 폭력의 위협에 두려움을 느낄 것이며, 인간관계에서 발생할 수 있는 어떤 대립 상태도 두려워할 것이다.

집에서 쫓아내겠다는 부모의 무언의 협박을 비롯해 그 밖에 양육 과정에서 아이에게 가하는 불량한 영향 때문에, 전형적으로 우울한 성격의 소유자는 점점 자기만의 세계에 몰두하는 사람으로, 자기 이익밖에 모르는 사람으로, 나아가 일반적으로 자기 생각에만 몰두하는 사람으로 변한다. 재미있는 점은 자신에 대한 생각에만 몰두하는 성향에는 자아도취적인 요소가 포함되어 있다는 것이다. 하지만 이것은 개인적인 지위 상승보다는 생존 차원의 요소라는 것에서 자아도취와는 성격이 다르다. 이런 사람의 구호로는 "나를 사랑해주세요. 하지만 날 버리지는 마세요." 정도가 어울릴 것이다. "하지만 날 버리지는 마세요."에서 '하지만'이 사랑의 약속에는 근원적인 위협이 동반하고 있다는 사실을 시사한다. 물론 그 위협은 사랑은 이별과 같이 갈 수 있다는 것이다.

사실 이런 우울성 스타일을 드러내는 사람은 약간 미니멀리스트(되도록 소수의 단순한 요소를 통해 최대 효과를 이루려는 사고방식을 지닌 예술가-옮긴이)가 되려는 성향이 있다. 이것은 남들이 거부할지 모른다는 두려움, 남들에게 무시당할지 모른다는 두려움, 남들이 샘을 낼지 모른다는 두려움, 충돌하거나 언쟁하거나 대립하거나 버림받을지 모른다는 궁극적인 두려움 때문에 자신의 성공을 최소화하고, 다른 사람들과 경쟁하기를 거부하는 성향을 말한다. 사실 이것은 평생 이어지는 딜레마다. 이런 사람은 한편으로 분리되기를 원하면서, 한편으로는 버림받을 가능성에 대해 걱정한다.

그래서 이런 유형의 사람은 자부심이 마음속에서 항상 구석진 곳에 놓여 있다. 다시 말해 실용적인 측면에서 볼 때 이런 사람은 언제나 효과가 확실한 태도, 즉 겸손한 태도를 유지해야 한다. 이렇게 늘 겸손해야 한다는 의미에서, 우울한 유형의 인간은 대체로 중심인물인 듯이 나서거나 무대 중앙에 서 있는 것보다는 자기를 내세우지 않고, 공손하고, 그림자의 끝자락에 있는 듯 없는 듯한 태도를 유지한다.

인간관계에 관한 한 이런 우울성 스타일의 사람은 일반적으로 인간관계에서 만족을 얻지 못하며, 그들의 상대방 역시 불만족해한다. 상대방이 자주 표시하는 불평은 이 우울한 인간은 거절에

297
우울성 스타일

상당히 민감하며, 그래서 '뭔가를 준다는 것'은(애정 관계에서처럼) 관계가 더욱 깊이 얽힌다는 신호다. 이것은 둘의 관계가 더욱 큰 의미를 지니게 된다는 뜻이다. 더 깊고 의미 있는 관계를 발전시킬 가능성은 거절과 쫓겨날지 모른다는 두려움에 직면한 상태에 놓여 있는 우울성 스타일의 사람에게 잠재적으로 문제가 될 소지가 있다. 이것은 만약 두 사람이 가까워지면 이제 상대방이 떠날 가능성도 있다는 것을 의미한다. 또 두 사람이 정말 가까워지면 당신은 바로 그 갈등의 속성 때문에 상대방의 소망에 철저히 순응해야 할 필요가 있으며, 따라서 당신이 이미 성취했을지도 모를 자율권을 조금이라도 잃을 가능성이 있다. 이것은 인간관계가 나를 집어삼키거나 사로잡는 듯한 기분을 느낀다는 뜻이다.

하지만 이런 사람은 또 특별대우를 소망하며, 이 소망은 그런 내쫓김과 거부에 관해 근심하지 않게 해달라는 평생의 열망으로 변한다. 감정적으로 분리된 스타일 중에서 두려움과 거절의 예상에도 불구하고 인간관계를, 예를 들면 결혼 같은 관계를 여전히 유지하고 관리할 수 있는 사람은 우울한 성격의 사람이다. 그러나 그런 사람의 특별한 욕구는 자기가 충분한 사랑을 베풀지 못해도 다른 사람, 즉 상대방이 이해심을 갖고 그것을 견딜 수 있어야 한다. 충분한 사랑의 부재는 우울한 사람이 개인적 관심사, 즉 안전과 안정이라는 관심사에 거의 완전히 몰두했을 때 생길 수 있는 현상이다.

역설적으로 들릴지 모르지만, 이런 우울성 스타일은 본인의 안전과 안도감은 물론, 거부되거나 쫓겨날 것에 대해 그렇게 걱정하면서도 남을 비판하는 성향도 지니고 있다. 이것은 본질적으로 그 사람이 아마 부모 노릇을 하는 것에 모호한 태도를 취했을지도 모를 자기 부모와 동일시한 결과다. 따라서 그런 부모가 아이의 기본적인 욕구를 충족시켰더라도, 그것과 관계없이 초창기의 부모 · 자식 관계에서 부모의 비판적이면서 불길한 예감을 자아내는 태도가 존재했었는지도 모른다. 그리고 늘 그렇듯이 아이는 그런 비판적인 태도에 동질감을 느끼고, 나중에 자기도 그것을 그대로 모방하게 된다.

이 상황이 역설적인 것은 한편으로는 버림받을 것을 두려워하면서, 동시에 끊임없이 상대방을 비판함으로써 거부와 버림을 자초하고 있기 때문이다. 그런 사람은 이런 비판적인 태도 때문에 다른 사람들 눈에 독립적인 부류의 사람, 동점심이나 공감에 별로 좌우되지 않는 사람으로 보일 수도 있다. 하지만 실제로는 그 반대다. 그들은 대체로 상처 입은 동물들이나 사면초가의 처지에 빠진 사람들 같은 동정의 대상과 자신을 지나치게 동일시하는 경향이 있다.

따라서 이런 우울성 스타일은 본질적으로 감정이 분리되어 있다. 왜냐하면 남들의 거부와 버림을 늘 예상하고 있는 자신의 신념체계를 관리해야 하기 때문이다. 성격이 체계화되는 과정과 관련해 이런 사람이 이 문제에 대해 꺼내는 해결책은 인간관계에 깊이 연루되지 않는 것이다. 설령 어쩌다 깊이 얽혔더라도, 그 관계를 외부에 드러낼 때 어떤 특별한 관심도 표하지 않는다. 이것은 상대방으로부터 버림받을 잠재적 가능성을 최소화하는 상당히 섬세한 전략이라고 할 수 있다.

사례 1:
유년기 경험으로 인한 우울성 스타일

결혼한 37세의 여성이 있었는데, 남편은 그녀를 무척 예뻐해주었다. 그는 그녀의 미모에 혹했다. 그녀의 기대에 미치지 못하는 반응 때문에 아무리 마음이 상해도, 그녀를 사랑했기 때문에 그녀의 내성적인 성격을 견딜 수 있었다. 그녀는 늘 침울해 있었으며, 그가 아무리 그녀의 기운을 북돋워주려고 해도 그녀는 내성적으로 살아야 할 성격의 필요성을 포기할 수 없었으며, 우울한 감정의 필요성도 마찬가지였다.

이 여성은 항우울제를 처방받았는데, 그것은 그녀가 더 활기차게 사는 데는 도움이 되었으나, 인간관계에서 지나치게 신중을 기하는 그녀의 유별난 행동 패턴을 바꾸지는 못했다. 그녀가 남편을 사랑한다면서도 늘 과소 반응을 보이는 게 이런 행동 패턴의 전형적인 예였다. 남편은 그녀가 자신을 사랑한다고 믿었다. 그는 자기가 그녀를 잘 알며, 따라서 그녀는 누구와 결혼했어도 이런 식으로 살았을 것이라고 우겼다.

그녀의 우울한 태도는 성생활에 대한 그녀의 낮은 관심에서도 잘 드러났다. 남편은 아내에게 계속 다정다감하게 대했음에도 불구하고 두 사람의 결혼 생활은 점차 정신적 사랑으로만 이루어진 관계를 닮아갔다. 그녀는 절대로 그의 애정 공세를 묵살하지 않았다. 하지만 그녀가 자발적으로 남편에게 비슷한 애정 표시를 하는 경우는 절대로 없었다. 남편은 아내가 기본적으로 분노형忿怒型 인간이며, 삶에서 오는 분노와 불만을 교묘하게 은폐하고 있다는 것을 정확하게 감지했다. 물론 이것은 임상적으로도 예리한 진단이었다. 정통파 심리학의 원리는 억압된 분노가 많이 있으면 성욕도 없다고 설명하기 때문이다. 다시 말해 분노는 음란한 성적 감정을 마비시킬 수 있다.

이 여자의 독특한 우울 증상은 핵가족의 일원으로 살았던 그녀의 유년기 경험에 뿌리를 두고 있었다. 그녀의 아버지는 비판적이면서 뭐든지 제멋대로 해야 직성이 풀리는 아내(여자의 어머니)와 화목하지 못했다. 그녀는 어린 시절에는 우울한 성향을 보이지 않았으며, 대신 매우 유순하고 겸손한 반응을 보이는 아이로 변해갔다. 바로 이 겸손과 유순함이 점진적으로 우울한 태도로 변했다. 그리고 그녀는 이런 태도에 따라 모든 인간관계에 거리를 둠으로써 상당한 감정적 안도감을 얻을 수 있었다.

또한 바이올리니스트로서 성공을 거둔 그녀는 훌륭한 연주 기교로 많은 사람들의 찬사를 받았으며, 이것을 자신이 사회적으로 사귈 만한 사람으로 보이게 하는 데 활용했다. 그녀는 이런 재능이 자신의 많은 과오를 은폐하는 데 아주 쓸모가 있다고 생각했다. 그러나 누구하고든 너무 가까워지지 않는 것은 그녀가 평생 구사해온(저절로 터득했지만) 전략이었다. 남과 가까워진다는 것이 상대가 자기 인생을 통제하도록 자초하는 짓인지도 모른다는 두려움 때문이었다. 그녀는 이런 식으로 살면 제멋대로 해야 직성이 풀리는 사람과 엮이는 일을 충분히 피할 수 있을 것이라고 생각했다.

사례 2:
어머니의 영향을 받고 자라난 딸

42세의 한 여성은 평소에 늘 기분 변화가 심했고, 결혼 생활 중 자신을 짜증나게 하는 모든 것에 대한 불평불만을 달고 살았다. 그녀는 아침에 일어나서도 별로 말이 많지 않았고, 대체로 시무룩한 표정으로 지냈다. 그녀의 우울증에서 가장 중요한 증상은 반대주의였는데, 이것은 그녀의 말과 행동 모두에 다 적용되었다. 만약 그녀가 직장에서 월급이 오른 것을 남편이 알고 기뻐하면 그녀는 그와 기쁨을 함께 나누는 대신 남편은 오로지 돈에만 관심 있는 사람이라고 말하고는 했다. 이것은 그녀의 거의 모든 반응 속에 교묘하게 스며든 반대주의의 변종 중 하나다.

그녀의 남편은 그녀가 삶을 즐길 줄 모른다고 숱하게 불평했지만, 그녀는 그때마다 강력한 방어벽을 쳐 자기가 이런저런 것을 좋아하지 않는 이유를 설명하고는 했다. 그녀는 어떤 일에도 틀린 적이 없는 그런 사람이었다. 그녀가 사실 틀렸다는 것이 불 보듯 명확해도, 그녀는 자기가 실수했음을 쿨하게 인정하는 대신 항상 자기가 옳다고 언쟁을 시작하고는 했다. 이런 종류의 방어적 태도는 결국 부부의 성생활과 애정 전선에도 파고들어갔고, 두 사람의 부부 생활은 육체적 접촉이 전혀 이루어지지 않는 지경에 이르렀다.

이 여성은 개인적인 관심사에만 철저하게 몰두했기 때문에 사람들이 잘 쓰는 "당신이 최고니까."라는 말은 그녀의 소극적 태도와 더불어 우울한 기분을 설명하는 데 딱 들어맞았다. 게다가 그녀는 다른 사람이 거부할 가능성에 대해 매우 민감했기 때문에, 늘 비판을 예상하는 상태가 정상적인 일이었다. 약간은 피해망상적인 태도였으며, 그녀가 남들의 비판에 대처하는 방식은 먼저 공세를 취해 자신을 향한 타인의 비판으로부터 자신을 보호하는 것이었다. 이런 반응 패턴은 대체로 그녀의 결혼 생활에서 특히 남편을 상대로 이루어졌다. 더욱 놀라운 점은 그녀가 남편을 사랑한다고 주장한다는 사실이었다. 그 외에는 남편에게 대체로 겸손하게 행동했으며, 다른 사람들에게도 마찬가지였다.

그녀는 상당히 내성적이고 머리가 좋았지만, 자신에게는 특정 사람들, 특히 남편을 적대적으로 대함으로써 자신을 보호할 필요가 있다고 생각했다. 그렇다고 오로지 남편만 적대시하는 것은 아니었다. 적대감은 가끔씩, 특히 아침 시간에 남편에게 표출되었다. 남편은 아침이 되면 대화하고 싶어했지만, 여자는 화가 나서 아침에는 이야기하고 싶지 않다고 주장했다.

그녀의 과거를 살펴보면, 그녀는 미숙한 어머니 밑에서 자랐다. 그리고 그녀의 관심사와 근심은 모두 이중적인 어머니와 관계가 있는 것 같았다. 그녀의 어머니 역시 이런 상반된 감정 때문에 우울증에 시달렸을 가능성이 있으며, 결국 부모의 역할을 원하지는 않지만 안 할 수 없다는 의무감 같은 것을 느꼈을 것이다. 이 어머니는 딸과의 관계에서 일관성을 취하지 못했으며, 전반적으로 다른 사람들 눈에 미숙하게 보였다. 딸의 다소 내성적인 성품도 결국 (남편을 포함해) 누구도 자신을 통제할 힘을 갖도록 내버려 두지 않으려는 그녀만의 방식으로 보였다.

이 여성은 일종의 준準 고립 상태(감정적으로 분리된 스타일)를 통해 정서적 안정을 얻었다. 즉 만성적인 우울에 시달렸던 그녀는 결혼 생활에서 정서적인 균형 상태를 유지하기 위해 남편과의 사이에 본능적으로 적절한 거리를 계산하고 유지했고, 그녀는 결국 우울증 성격의 소유자가 되었던 것이다.

더 정상에 가까운
우울성 스타일

'만성적으로 우울한 사람의 증상은 완화될 수 있는 가?' '더 정상에 가까운 쪽으로 발전할 수 있는가?'에 대한 정답은 "그렇다."이지만, 잠정적이다. 만약 이런 사람이 유용하게 쓰는 기술이 있고, 그 기술에 관련해서나 그 기술로 인한 생산성에 관련해 사람들의 긍정적인 반응을 끌어낼 수 있다면, 그 사람을 괴롭히는 평가절하된 것 같은 기분이나 버림받을 수 있다는 불길한 예상, 방어적인 자기몰두의 태도, 심지어 의견 충돌에 대한 두려움도 완화될 가능성이 있다. 이것은 곧 그 사람 성격 속의 가치 체계가 변한다는 것을 의미하며, 이 변화는 그 사람의 성격 속의 습관에 더 새로운 전통이 생길 때, 즉 좋은 소식을 받아들이고 그것을 거부하지 않는 전통이 생길 때 이루어진다. 시간이 흐르면 이 새롭고 '반우울증적인 전통'은 예전부터 있던 우울증적인 전통과 효과적으로 경쟁할 수 있다.

우울증에 시달리는 사람은 구조의 손길을 필요로 하며, 흔히 고통에 시달리거나 혼란에 빠진 사람의 형상으로 묘사된다. 그리고 성공적인 구조는 그 사람에게 더 다정하고 베풀 줄 아는 사람이 되는 길을 열어주는 것이라고 봐도 좋다. 하지만 그보다 사실과 더 거리가 먼 것은 없다. 나서지 않으려 하고 최소주의를 추구하는 이런 사람의 심리적 성질은 대체로 상당히 강하기 때문에 그가 어떤 인간관계를 유지하든 거기에는 그의 경직성이 팽배할 것이다. 구조의 논리는 여기에 전혀 영향을 끼치지 못한다. 우리는 지금 감정적으로 타인과 밀착하지 않으려 하고, 베풀지 않으려 하고, 절대로 관심의 초점이 되려 하지 않고, 걸핏하면 정반대의 충동에 빠지는 강력한 욕구를 상대하고 있다. 또한 연약한 자부심과 함께 이 모든 것을 모두 갖추고 있는 사람, 여린 성격 때문에 남이 잘못을 지적하면 무조건 싸우려 드는 사람을 상대하고 있다.

하지만 더 정상에 가까운 우울성 스타일의 사람은 앞에서 언급한 자질('좋은 말'을 반사적으로 거부하지 않는 자질)을 보여주고, 무조건 반대하고 싶은 충동을 억제한 데 대해 스스로 약간의 자부심을 느끼는 사람들도 있을 수 있다. 이런 발전은 흔히 감정적으로 분리되려는 욕구를 누그러뜨릴 것이다. 그래서 이런 유형의 사람은 더 많이 미소 짓고, 더 많이 웃고, 더 많은 모험심으로 세상을 경험하는 일을 시작할 수 있다.

이런 사람은 어렸을 때 부모의 비판에 시달렸기 때문에 필연적으로 속수무책의 상태에 익숙하다. 만성적으로 우울증에 시달리는 사람이라도 이해심이 많고 다정하고 성실하고, 늘 그 자리에 있는 배우자와 함께 있으면 한층 더 정상적인 태도로 인간관계에 임할 가능성이 있다. 물론 여기에는 주변에서 자신의 뛰어난 능력과 성과를 칭찬하는 반응을 끌어낼 수 있는 조건이 필요하고, 더욱 중요한 것으로 고통을 견디면서 좋은 날이 오기를 기다리는 능력이 지나칠 정도로 큰 배우자와 결혼한다는 조건이 붙는다.

CHARACTER

_ 17장 _

회피성 스타일

회피성 스타일이라고 진단받은 사람은 대체로 자기 방어적인 태도를 보이는 사람들이 많다. 이는 자부심을 지키는 것이 이 사람의 가장 중요한 관심사임을 뜻한다. 어떤 종류의 사교 관계이든 거부되거나 실패할 잠재적 가능성에 대한 두려움이 이 사람의 의식을 지배하고 있다. 따라서 이런 사람도 남들의 애정과 인정을 받으려는 욕구는 있지만, 인간관계를 지속하면 남들의 조롱을 초래할 것이라는 본인의 확신과 그에 따른 긴장감에 눌려 무색해진다.

이런 사람이 겪는 명백한 갈등은 주로 잠재적인 인간관계를 이해하는 것과 관련되어 있는데, 이 사람은 인간관계 안에서 작동하는 절대적인 실패 메커니즘 때문에 실제로 어떤 관계에도 참여하지 못한다. 따라서 다른 사람이 자신을 받아들일 용의가 있음을 감지하는 것이 그와의 관계에 참여하는 전제 조건이라고 믿는다.

문제는 이런 회피성 스타일의 사람은 다른 사람들이 자신에게 거부 의사를 표현한다고 여기며, 타인이 자신을 받아들일 가능성이 낮다는 확고부동한 신념을 갖고 있다. 이는 인간관계로 이어질 수 있는 어떤 잠재적인 상호작용도 처음부터 틀림없이 실패할 운명을 타고났다는 것을 뜻한다.

이런 유형의 사람은 감정적으로 쉽게 상처를 받으며, 개인 간의 상호작용을 피한다. 이렇게 사교행위를 회피하는 행동 패턴은 결국 친구를 거의 또는 전혀 사귀지 못하는 결과를 초래한다. 게다가 인간관계에 대한 음울하고 비관적인 견해 때문에 대인 접촉이 불가피한 활동을 삼가려고 애쓴다. 또 본인이 무안해지거나 불안해지거나 창피해질 가능성이 아주 조금만 있어도, 사교 모임에 가려 하지 않는다.

따라서 이런 유형의 가장 큰 특징은 남들이 자신을 거부할 것이라는 두려움의 끝없는 존속과 관련되어 있다. 그리고 이런 두려움은 그 사람 인생의 모든 영역에 교묘하게 스며들어 있다. 본인의 공상 속 세상은 물론이거니와, 성격 안에서 이루어지는 감정의 발현, 그리고 궁극적으로 그 사람의 모든 행위에 보편적으로 들어가 있다.

아울러 이런 사람을 괴롭히는 갈등에는 흥미로운 면이 또 있는데, 이는 그들이 자주 느끼는 딜레마와 관련되어 있다. 즉 사회적으로 남들과 제휴하고 남들이 나를 받아들이는 것을 희망하지만, 비관적인 생각과 거부가 상당할 것이라고 예상되면서도 남들의 무조건적인 수용을 추구하는 것은 사회적 고립을 자초하는 행위라는 딜레마다. 그래서 이런 스타일을 유지한 결과 소극적인 사회생활이 인간관계에서 남들과의 거리 두기를 보장해주고, 직업 선택과 능력 발휘 면에서 극단적으로 신중하게 접근한다는 것이다.

회피성 충동을 비롯해 그런 회피성 스타일이 필연적으로 달고 사는 사교상의 비관적 태도 때문에, 이들에게 자부심의 평가절하의 경험은 자연스럽다. 다른 말로 하면 모든 긍정적인 것은 상대방에게 공이 돌아가는 반면, 상대가 정당하게 거부하리라는 예상에서 부정적인 것은 모두 자신의 잘못 때문이라는 사실을 의미한다. 사교 활동의 억제가 이 사람의 인생을 지배하고, 이렇게 억제하려는 성향은 남들과 거리를 두려는 행위를 낳는다. 이는 실제로 감정적 안정감을 자아내는데, 순전히 본인이 사회적으로 고립된 까닭에 남들에게 거부당하는 사태가 원천적으로 발생할 수 없기 때문이다.

또한 이런 고립성 외에 합리화(변명과 이유)라는 방어기제를 발전시켜 회피성 행위와 그로 인한 사회적 고립을 정당화한다. 이 합리화는 잠재적으로 상호 간의 접촉이 필요한 관계에서 항상 신중을 기하려는 사람의 전략을 정당화하기 때문에, 이들은 상습적으로 도박하듯이 항상 지나칠 정도로 조심한다. 그런 신중한 태도는 점점 마음속에 팽배해져서, 그 사람은 결국 온갖 종류의 위험 기피성 태도로 무장하게 된다. 물론 고립된 기간이 길어지면, 고립이 주는 위안에도 불구하고 그들에게는 분노와 함께 우울감과 좌절감이 생기기 마련이다. 그리고 그것은 무력감과 소극성이 인생 전체를 지배하는 방식으로 이들에게 악영향을 주기 시작한다.

사례 1:
아버지가 부끄러웠던 아들

자신의 은둔 생활과 기이한 행동을 견디지 못해 그의 아버지가 정신과 상담실로 보낸 22세의 남성이 있었다. 그는 부모가 보태준 월세로 아파트를 얻어 살았다. 재봉사로 일하던 그의 어머니는 수동적인 성격이라, 그의 양육은 아버지와 두 누나의 몫으로 돌아갔다. 당시 그의 아버지는 10년째 장애소득보험금(Disability Income, 예기치 않은 사고나 질병으로 인해 일을 할 수 없게 된 보험가입자에게 소득의 일정 부분을 정기적으로 지급해 가정

경제를 유지하고 정상적인 경제활동으로 회복할 수 있도록 돕는 보험금-옮긴이)으로 살았다. 아버지는 공장에서 사고를 당해 한쪽 눈이 부분적으로 실명했고, 청각은 아예 상실했다. 감각 기능이 크게 떨어졌지만, 집안일을 하고 표면적으로 아들과 두 딸을 지도하는 데 문제가 없었다고 한다. 두 딸(남자와의 나이 차이가 많았다)은 사례의 남성이 13세 때 집을 떠났는데, 전해진 바에 의하면 "그럴 만한 이유가 있었다."라고 말했다고 한다.

정신과 전문의와 상담하는 자리에서, 이 젊은이는 자신의 아버지를 피해망상 환자라고 설명했다. 이웃들이 아버지에 대해 표현한 것에 따라 그는 아버지의 병을 사람들이 자신에게 '사악한 의도'를 품고 있다는 의구심에서 비롯되었다고 말했다. 그의 아버지는 심지어 공동으로 쓰는 복도의 동정을 살펴보기 위해 대문의 열쇠 구멍으로 밖을 내다보곤 했다. 그러다 들킬 위험이 없다고 생각되면, 복도를 이리저리 돌아다니며 이웃집 문에 귀를 바싹 대고 안에서 오가는 모든 대화를 엿들으려 했다는 것이다. 하지만 아버지는 사실상 청력이 없었기 때문에 상당히 괴이한 행동이었다.

아버지는 그 밖에 다른 피해망상적 행동들을 많이 했으며, 그는 누나들이 집을 나간 것처럼 자신이 집을 나가게 된 것도 다 아버지의 이런 괴상한 행동 때문이었다고 진술했다. 그가 18세가 되었을 때 그의 누나들은 그에게 직장을 구하라고 권유했고,

누나들의 도움과 부모가 보태준 보조금 덕분에 그는 아파트 원룸을 얻을 수 있었다.

아버지의 끊임없는 남 염탐하기와 의심병 때문에 이 남성은 중요한 성격 형성기에 사는 것이 부끄럽고 힘들었다고 실토했다. 특히 아파트 주변에서 다른 사람과 만나는 것이 신경 쓰였다고 했다. 그는 심지어 3층에 있는 자기 집에 올라갈 때도 남들과 부딪치지 않기 위해 엘리베이터를 타지 않고 일부러 계단을 이용하곤 했다.

이런 행동은 더욱 심해졌고, 초등학교 때는 물론, 고등학교에 다닐 때도 상당히 은둔자처럼 지냈다고 털어놓았다. 자신이 아무도 없는 곳으로 숨고 싶다는 생각을 끊임없이 한 것도 바로 많은 사람들이 아버지가 이상한 행동을 한다는 것 등의 집안 사정을 알고 있었기 때문이었다고 말했다.

이 남성이 드러내는 특성, 특히 자기 아파트에 홀로 살면서 평화를 찾은 이후 드러낸 중요한 성격적 특성이 바로 '숨기'라는 매우 중요한 증상과 관련되어 있었다. 그가 치료 면담의 자리에서 드러낸 심적 갈등은 친구들과 어울리기를 갈망한다는 것이었다. 하지만 그는 사교가 필요한 상황에 처하면 극심하게 어색해했기 때문에, 남들이 자기를 거부할 것이라고 늘 걱정했다.

이런 고립 상태에서 이 젊은이가 꾸려간 공상 속의 삶은 다른 사람들이 자신을 적대시한다는 아버지의 환상과 닮아가기 시작했다. 이것은 '감응성 정신병(folie a deux, 가족 등 밀접한 두 사람이 동일하거나 유사한 정신 장애를 앓는 증상-옮긴이)'으로, 즉 두 사람이 같은 병에 걸리는 사례의 시발이었다(비유적으로 말하자면, 이중적 정신이상이라 할 수 있을 것이다).

이번에도 역시 회피성 스타일이라는 진단과 관련해 중요한 문제는 이런 은둔자 같은 행위가 이 남성에게 긴장의 해소라는 선물을 제공했고, 적어도 단기적으로는 그에게 고독과 피난처를 주었다는 점이다.

사례 2:
독신으로 살아온 여성

한 자선단체에서 도서관 사서로 약 25년간 일해오던 50세의 여성이 있었다. 그녀는 한 아파트 건물의 1층에서 독신으로 살고 있었다. 건물을 오가는 사람들에게 전혀 말을 건네지 않는 것은 그녀의 버릇이었으며, 이웃들은 대체적으로 그녀가 '약간 이상한 사람'이라고 생각했다.

사서는 그녀에게 아주 이상적인 직업이었다. 주변에 다른 사람이 거의 없는 환경에서 일할 수 있었기 때문이다. 그녀가 하는 일은 공문서를 관리하고 해당 단체에서 주고받는 서신들을 처리하는 것이었다. 그녀는 자기가 사는 동네에서도 외톨이였지만, 직장 생활에서도 약간 고립되어 있었다. 그리고 자신이 평생 부끄러움을 잘 타는 사람으로 살았으며, 남자친구도 사귄 적이 없다고 언급했다. 또 성관계를 경험한 적이 없으며, 심지어 자위행위도 한 적이 없다고 했다. 이렇게 그녀의 모든 것들은 명백한 회피성 행위와 사회적 고립, 그리고 외톨이 생활과 관련된 문제들에 둘러싸여 있었다.

그녀가 일하던 자선단체에서는 새로운 회장을 영입했는데, 이 사람이 때때로 매우 비판적이거나 퉁명스럽게 말하고 업무에 대해서는 매우 까다로운 경영자였다. 여기에서 그녀의 문제가 시작되었다.

이 여성은 당연히 회장의 그런 접근에 묵살하는 태도를 취했고, 회장이 자신에 대해 옳게 판단했으며 자신의 진짜 무능력을 간파했을 것이라는 확신을 가지고 대응했다. 자신의 능력에 대한 그녀의 자발적인 평가절하식 태도는 회장의 다소 냉담하고 불친절한 경영 방식에 곧바로 반영되었다.

더불어 그녀가 지닌 기본적인 회피성 성격 때문에 2 대 1의 싸움과 같은 불리한 처지에 놓였다. 즉 일에 관해서 그녀는 회장에게 거부 의사를 밝히는 한 표를 받은 데다, 자멸적인 평가절하식 태도 때문에 본의 아니게 회장과 의견의 일치를 본 셈이 된 것이다. 다른 사람을 적으로 둔 데다가 자기가 자신의 적이 되었다.

그녀가 생각해낸 해결책은 직장을 그만두는 것이었지만, 그녀는 군이 그렇게 하지 않았다. 다행히 회장은 짧은 기간만 재직한 뒤, 더 다정한 사람이 들어왔다. 신임 회장은 실제로 이 여자의 업무 성과를 높이 평가했으며, 그의 인정은 여자에게는 생명줄과 같았다.

예를 들어 그녀가 전에는 부정확한 말이나 부적절한 말을 할 때 무척 두려워했으나, 이제는 말할 때 훨씬 덜 긴장한다. 그녀가 늘 지니고 있던 비관적 태도와 사고 활동을 회피하는 태도 역시 정도가 많이 완화되었기 때문에, 신임 회장에게 약간 중립적인 태도를 유지하면서도 요즘에는 회사에 출근하는 것을 고대한다고 했다.

더 정상에 가까운
회피성 스타일

더 정상에 가까운 회피성 스타일은 회피성 유형이 사교적 흐름의 일부이고, 그 흐름에 속한 다른 구성원들이 당신에게 친절하고 당신을 흔쾌히 받아들이는 경우에 발생한다. 이것은 앞의 사례에서 소개한, 다정한 신임 회장이 부임했을 때의 여성이 바로 이런 경우에 해당된다. 거부에 대한 두려움, 자부심에 대한 전형적인 방어의식, 전체적인 담력 부족 등의 정도가 약간 완화되었고, 자기 비하 의식도 이에 상응해 완화되었다.

따라서 회피성 스타일인 그녀는 새로운 사장이 들어오면서 다소 정상 쪽으로 기울었고, 긴장과 근심이 해소되면서 더이상 아파트에 홀로 처박혀 존재하는 고독한 삶과 고립된 생활을 추구할 필요가 없어진 것이다. 그녀는 실제로 친구를 사귈 가능성도 고려할 수 있었다. 그녀가 단체의 신임 책임자에게 새롭게 받은 인정이 우울증·좌절·분노·무력감·소극성(모두 해결하기 힘든 감정 집단의 구성 요소들이다) 같은 더욱 강력한 감정들의 증상을 완화시킨 것이다. 완전히 나를 받아들이는 환경에서는 그런 감정들과 그 결과로 인한 행동 패턴이 크게 개선되는 방향으로 바뀔 수 있다.

이 여성은 비록 회피성 스타일로 고착되었지만, 환경은 그녀가 모든 사람들이 자신을 받아들였다는 진실을 직시하도록 하는 데 중요한 역할을 했다. 이런 사실을 직시하고 그에 맞춰 행동하는 것이 이 여성을 더 정상적인 회피성 스타일로 기울게 하고, 나아가 친구가 생긴 것처럼 느낄 수 있게 하는 가장 중요한 요소다. 이로써 편안한 기분의 증가와 약간의 행복을 얻는 데 도움이 되었다.

어떻게 하면
성격을 바꿀 수 있을까?

이 책에서 나는 성격 발달과 성격 유형 및 스타일을 이해하는 데 핵심적인 고려사항이 무엇인지 파악하고, 그것들을 통합해 설명하려고 했다. 사람의 성격은 심리역학적으로 복잡하게 얽혀 있으며, 이것은 모든 사람들에게 똑같이 적용된다. 따라서 종특이성種特異性 개념이라는 점을 고려했다.

즉 우리의 성격 메커니즘은 모두 똑같지만 차이점은 성격 스타일에 있으며, 메커니즘이 어떻게 작동해 다양한 성격의 다양한 변종들과 행동의 성격적 특성 패턴의 다양한 변종을 구성하는지에 따라 달라진다. 우리의 분류 작업 덕분에 광대한 성격 관련 데

이터가 더 관리하기 쉽고 간략하게 체계화되었고, 각 성격 스타일들의 상대적 관계도 역시 더 이해하기 쉽게 정리되었다. 그러나 무엇보다 중요한 사실은 우리가 정신 안의 패턴들, 즉 정신(마음) 안의 심리적 및 감정적 구성 요소들을 들여다볼 수 있게 되었다는 점이다.

매우 다양한 진단상의 유형들 때문에 한 진단상의 성격 구조는 다른 성격 구조와 어떤 관계를 맺고 있는지, 또는 그것들이 무슨 관계가 있는지 파악하는 과정에서 우리를 혼란스럽게 한다. 이 모든 요소들의 일관성을 끌어내기 위해, 감정이 성격 안에서 관리되는 방식에 관한 강력한 구성 원리를 동원했다.

나중에 밝혀진 것처럼, 이 구성 원리 덕분에 우리는 다양한 성격 유형들이 서로 어떻게 관련되어 있는지 알 수 있도록 성격 유형들의 기본적인 보완물들을 정리할 수 있었다. 한마디로 사람은 자신의 정체를 확인한 다음 기본 요소들을 성격 안에서 서로 연합해 자신만의 독특한 브랜드, 즉 성격 유형을 형성할 수 있는 것이다.

성격을 구성하는 이런 기본 요소들은 성격 안에서 '감정이 어떻게 관리되는가?'라는 기본적인 개념과 밀접하게 관련되어 있는데, 여기에는 다음과 같은 내용들이 포함되어 있다. 기억을 억압하는 힘이 작용하는 와중에도 강조되는 기억의 중요성, 당사자의 소망 시스템과 소망을 달성하기 위한 시스템의 추진력, 좌절된 소망 때문에 드러나는 증상들, 충동의 본질에 대한 이해의 중요성, 성격 속의 억제력이 충동을 길들이는 방식(그리고 통제가 실패했을 경우 파생되는 결과)이라는 훨씬 중요한 문제, 성격의 유형과 스타일과 관련해, 본인이 가지고 있는 성격의 틀을 더욱 강화하는 데 동원하는 여러 방어기제들과 그것들로 구성된 방어 시스템 등이다.

궁극적으로 성격 구조를 파악하는 일이 중요한 것은 갈등을 더 잘 극복하고, 적응하는 능력을 더 키우기 위해 투쟁이 벌어지고 있는 곳을 알아내는 개인의 능력을 촉진시키기 위해서다. 덧붙여 이런 적응 능력이 커지면 우리는 우리의 이익에 더 크게 부합하는 목표들을 겨냥한 활동들을 수행할 수 있다. 그래서 우리는 진단상의 각 스타일들이 더 정상에 가까운 스타일로 묘사하면 어떻게 존재할 수 있는지를 잘 보여주는 자료들도 제시했다.

이 책에는 중요한 목표들을 놓고 씨름하는 것은 매우 품위 있는 일이며, 삶을 지배하고 있다는 자신감을 높여줄 수 있다는 개념이 암묵적으로 깔려 있다.

따라서 이 책에는 성격적 특성들의 세부 구조는 어떠하며, 나아가 영구적 태도라는 돌에는 어떻게 새겨져 있을지에 대한 설명이 제시되어 있다. 하지만 또 성격은 바뀔 수 있으며, 사람들은 본인에게 더 큰 이익이 되는 성격을 향상시키는 동시에 본인에게 별로 도움이 되지 않는 성격들은 약화시킴으로써 본인의 성격을 한 단계 업그레이드시킬 잠재력을 키우는 방식으로 문제를 해결할 수 있다. 그렇다면 그것을 어떻게 해야 할까? 어떻게 하면 성격을 바꿀 수 있는가?

성격을 바꾸려면
어떻게 해야 하나?

인간의 성격이 가장 내성이 강한 힘일지 모른다는 사실에도 불구하고, 성격을 바꾸는 것은 이론적으로 가능하다고 생각한다. 이 문제와 관련해 성격 변화를 위한 접근법을 실행하는 이 양상이 실제로 성격적 특성의 환경설정 자체보다 영속성이 더 강한 것으로 증명되었다는 사실을 확인해주는 사고방식이 있었다.

게다가 성격의 측면들은 문화의 전통들이 바뀌는 것처럼 달라질 수 있다. 다시 말해 어떤 문화에도 그 문화에 적합하지 않은 전통들이 가끔 나타날 수 있으며, 그러면 사회는 새로운 행동 패턴과 전통들을 도입하고, 그것들은 사회 전반에 동화되는 경우가 비일비재하다는 뜻이다. 문화에 등장한 더 새로운 형태의 전통은 그 문화의 집단적 성격의 환경에 다소 색다른 모습을 부여한다. 모든 개인의 성격을 하나의 문화라고 가정했을 때, 그 문화의 전통도 마찬가지다. 성격상 전통은 정말로 사람이 반응하는 경향, 즉 반사적인 반응 경향 또는 반응 패턴이다. 그런 반응 패턴이 더 이상 긍정적인 결과를 내지 못하거나 그 사람에게 도움이 되지 못하면 새로운 패턴이 도입될 수 있다. 그러면 그 사람의 성격이라는 문화 속에서 새로운 전통이 낡고 가치가 떨어진 전통과 경쟁을 벌이기 시작해 그것을 퇴출시킨다.

성격 변화에 대한 이런 사고방식은 사람들이 지닌 여러 심리적 증상들과 갈등을 해결하는 데 보편적인 토대의 역할을 한다. 어떤 사람이 다른 사람들과 성격의 양상이 매우 흡사하다고 지목할 수 있는 것도 바로 이 증상과 갈등을 통해서다. 그리고 이렇게 식별이 가능한 어떤 사람의 성격적 특성이 그 사람의 스타일 또는 특징이 된다. 그런 겉모습을 바꾸는 것(그것의 강한 내성에도 불구하고)이 성격의 재탄생 또는 강화의 본질이며, 우리는 이런 식으로 갈등과 증상을 성공적으로 바꿀 수 있다.

그러나 증상과 갈등의 형성 과정에는 한 가지 문제가 있다. 그것은 증상이 성격적 특성과 유사한 어떤 개념으로 변할 수 있으며, 그 증상은 하나의 '특성'으로 변화에 대해 훨씬 더 강력한 내성을 지니게 된다는 사실이다.

증상은 왜 증상적 특성으로
변하는가?

분노라는 문제는 여기서 다시 나온다. 문제는 사람의 정신(phyche, 성격을 계속 작동하도록 유지하는 우리 마음의 속성)이 어느 정도의 힘·밀도·탄력 등을 지닌 존재로 파악할 수 있다는 것이다. 그렇기 때문에 정신은 온갖 종류의 감정적 경험을 흡수할 수 있으며, 그 감정적 경험을 저장하고 정리할 수 있다. 그러나 때때로 정신은 특정한 감정적 경험을 부담스러워한 나머지 그것을 밀어낼 가능성, 즉 밖으로 던지고 방출할 수 있는 아주 큰 경우들이 있다.

분노, 그리고 분노와 증상들의 본질적인 관계에서 정신이 어떤 경험을 남기고 내칠지를 결정하는 기준들은 다음과 같다.

- **규모:** 분노의 크기가 너무 커 정신 전체를 지배한다면, 그것은 자기가 정신의 일을 떠맡아 정신이 그동안 수행했던 성격의 체계화를 한순간에 원래의 상태로 되돌려 놓을 수 있다. 그럴 때 정신은 그것을 쫓아내고 싶어 한다.
- **격렬함:** 분노가 너무 격렬하거나 극심해지면, 영혼은 그것을 영혼의 완전한 상태를 위협하는 존재로 인식해서 또다시 그것을 제거, 즉 잘라내려고 한다.

- **깊이:** 만약 분노가 영혼의 핵심까지 관통하겠다고 위협하면 영혼은 이것을 영혼 속에 있지 말아야 할 종류로 분류해 내쫓는다. 물론 성격에 파괴적 영향을 끼칠 가능성 때문이다.
- **기간:** 만약 분노가 긴 세월에 걸쳐 존재해왔다면 그것은 오히려 정신의 회복력을 갉아먹는 효과를 가질 수 있으며, 이러한 이유로 추방시킬 후보로 간주된다.

따라서 심리적·감정적 증상에 이 같은 분노의 분출에 다른 모든 특징들이 다 담겨 있다면, 그 증상은 통상적으로 심리적·감정적 증상이 자리를 잡는 정신 속의 그 영역에 더이상 존재하도록 허락되지 않을 것이다.

반대로 증상의 추방을 위한 기준이 이렇게 까다로우면 정신은 위협을 느낄 것이고, 그 결과 그런 증상을 성격적 특성이 격하된 영역으로 보내거나 정신 안에 전형적인 증상들을 위해 마련된 영역에서 아예 쫓아낼 것이다. 그런 경우 그 증상은 '증상적 특성'이 된다. 증상적 특성은 단지 행동 능력을 지닌 태도를 의미한다.

특성으로서의 증상을 처리하고 치료하는 경우, 이 증상을 전형적인 증상으로서 대접받게 하려면 당사자는 자신의 분노를 완화시킬 필요가 있다. 따라서 분노의 규모·격렬함·깊이는 적어도 하향 조정될 필요가 있다. 이러면 분노의 기간은 점진적으로 문제되지 않는다.

분노가 무엇이고,
어떻게 작용하는지 이해하기

문제는 단순하다. 어떤 사람을 겨냥한 분노가 억제되지 않으면 어떤 증상도 존재할 수 없다는 것이다. 전형적인 증상의 경우, 사실상 거의 모든 분노는 억제되어서 정신과 의사는 환자가 분노와 다시 접촉한 다음, 그 분노가 애초에 겨냥했던 '그 사람'을 찾을 수 있도록 도와주기만 하면 된다. 이 두 조건이 충족되면, 즉 분노와 다시 접촉하고 애당초 그 환자의 소망이 좌절된 데 책임이 있는 그 '범인'을 찾아 환자의 삶에서 유력한 용의자들을 색출하면, 그 증상은 사라질 가능성이 매우 크고 환자도 그것에서 해방될 수 있다. 의식에게 치료 능력이 있다는 것은 바로 이런 의미에서 나온 말이다. 즉 특정 인물에 대해 가장 깊이 억눌렸던 분노가 비로소 인식되는 것이다.

증상적 특성의 치료를 고려한다는 말을 들으면, 그런 증상적 특성에 많이 시달렸던 사람이 실제로 꽤 많은 분노를 경험하고 있다는 것을 알 수 있다. 여기에서 함정은 뭔가가 기본적으로 잘 보이는 곳에 숨어 있다는 인식에 있다. 어떤 분노는 명백하게 드러나지만 대부분 표면에 떠오른 분노, 즉 의식적으로 과시된 분노 외에 또 다른 분노가 한 겹 더 존재한다. 그리고 그 분노는 무의식 속에 묻혀 억압되어 있기 때문에 환자(그 증상을 보이는 사람)는 그곳에 그것이 있는지도 모른다.

근본적인 분노는 끊임없이 급탄給炭을 필요로 하는 난로와 같다. 난로에 탄을 공급하는 방식처럼, 문제들이 접점을 고리로 해 꼬리를 물고 이어진다. 분노의 난로는 항상 더 많은 연료에 목말라 있다. 이런 일이 일어나면 사람은 '문제의 그 사람', 즉 처음에 분노의 대상이 되었던 사람에게 화를 낼 추가적인 이유들을 찾으려 할 것이다.

무의식 속에 있던 분노의 난로가 꺼지면 '그 사람'을 향한 가슴 깊은 곳의 분노가 의식 위로 떠오르고, 그러면 그를 괴롭히고 있던 그 증상은 즉시 사라질 가능성이 매우 크다. 특히 당사자가 원래의 소망과 관련된 행동을 취하면 더욱 그럴 것이다. 여기서 가장 중요한 것은 '행동을 취하다.'라는 단어다. 당사자의 원래의 소망, 다시 말해 애초에 '그 사람'에 의해 좌절된 소망과 관련된 어떤 행동을 수행하는 것이야말로 반드시 해야 할 일이기 때문이다.

사람의 성격, 특히 습관적인 성격적 특성 반응을 비롯해 증상의 표출 면에서 변화 가능성과 관련해 이런 고려사항들을 염두에 두고, 우리는 이런 질문을 던질 수 있다. '성격', 질기기로 따지면 세계 정상급인 이것을 어떻게 하면 개조할 수 있을까?

정답은 이 책을 읽으면 알 수 있다.

찾아보기

332

★ 메이트북스는 독자의 꿈을 사랑합니다.

주변에 사람이 모여드는 말 습관
이쁘게 말하는 당신이 좋다

임영주 지음 | 값 15,000원

말의 원래 모습을 잘 살려 따뜻한 삶을 살고 싶은, 이쁘게 잘 말하고 싶은 사람들을 위한 공감의 책이다. 특히 주변 사람들로부터 "말 좀 제발 이쁘게 하지?"라는 말을 한 번이라도 들어본 적 있다면 이 책을 꼭 읽을 것을 권한다. 한 번뿐인 소중한 인생, 우리 모두 '성질'과 '성격'대로 마구 말하는 것이 아니라 '인격'으로 다듬어 말하는 사람, 즉 이쁘게 말하는 사람이 되어보자.

착한 사람들이 힘들어하는 9가지 이유
나는 좋은 사람이기를 포기했다

듀크 로빈슨 지음 | 값 15,000원

저자는 진정으로 좋은 사람이 되기 위해 자신의 감정이나 생각을 당당하고 솔직하게 털어놓는 연습을 할 것과 남에게 비치는 나보다 당당하고 솔직한 진짜 나로 살아갈 것을 당부한다. 거절하지 못해 힘들게 살아가는 사람들은 온전한 자기 인생을 결코 살아갈 수 없다. 이 책을 통해 내 안에 웅크리고 있는 나약한 어린아이의 실체를 똑바로 알고, 왜곡된 사고의 틀을 허무는 지혜를 터득할 수 있을 것이다.

품격 있게 일하는 법
직장생활의 품격

장중호 지음 | 값 15,000원

직장생활을 하면서, 과연 내가 제대로 잘하고 있는가는 항상 고민이고 도전일 것이다. 이 책은 치열한 마케팅과 영업의 현장에서 하루하루 싸우고 있는 현직 임원이 직장생활의 성공 법칙을 깊게 고민하고 '밥값'과 '품격'에 대해 쓴 책이다. 새내기 사원부터 부장, 임원들까지 "그렇지" 하면서 고개를 끄덕이고 공감하며 마음에 간직하는 좋은 책이 될 것이다.

21세기형 교양이란 무엇인가
김경준의 디지털 인문학

김경준 지음 | 값 15,800원

21세기 디지털시대에 인문학적 소양을 갖기 위해서는 기존 사고방식에 갇히지 않고 현실적 경험에 바탕을 두어 새로운 지식을 흡수하고 해석해야 한다. 인문학을 제대로 받아들이지 못하면 오히려 현재를 구속하는 도그마가 될 위험성이 있다. 이 책이 현실적인 경험과 지식들로 만들어지는 인문학적 통찰에 대해 방향을 잡길 바란다. 인문학적 관점으로 자신을 성찰하고 미래로 한걸음 더 나아가기 위한 방법을 배워보자.

마음에 꽂히는 스피치의 정석

사람들 앞에서 쫄지 않고 당당하게 말 잘하고 싶다

박지현 지음 | 15,000원

이 책은 말하기를 두려워하는 이들에게 떨지 않고 쫄지 않고 말을 할 수 있도록 노하우를 알려준다. 자신의 분야에서는 전문성을 인정받고 있음에도 발표만 하면 멘붕에 빠지는 사람들, 말의 표현력 앞에서 답답함을 느끼는 사람들, 결정적 순간에 할 말이 생각나지 않는 사람들에게 꼭 필요한 책이다. 저자가 발표준비를 하면서 겪었던 여러 가지 시행착오들과 경험들을 바탕으로 말의 준비과정과 기억과정, 표현방법에 대해 알려준다.

나는 걱정 없이 둔감하게 살기로 했다

걱정 내려놓기

강용 지음 | 15,000원

걱정이 많은 사람들을 위한 심리처방서다. 심리상담 전문가인 저자는 걱정을 하는 것이 꼭 나쁜 일만은 아니지만 지나친 걱정은 개선해야 한다고 말한다. 문제만 바라보면 걱정과 불안이 커지지만 문제의 원인을 찾고 변화를 향해 나아가면 걱정과 불안은 긍정적인 역할을 한다. 이 책을 통해 소중한 내 인생을 위해 걱정을 내려놓기로 결심하고, 상처받은 자신의 마음을 들여다보고, 걱정을 승화시켜 행복한 삶을 살아보자.

성공과 운을 부르는 목소리 만들기 프로젝트

일과 관계가 술술 풀리는 목소리의 비밀

이서영 지음 | 값 15,000원

대화에서 목소리의 쓰임은 굉장히 중요하다. 설득력을 발휘해야 하는 상황에서 목소리를 효과적으로 활용한다면 원하는 방향으로 술술 풀리게 할 수 있다. 오랫동안 커뮤니케이션 전문가이자 목소리 코치로 활동해온 저자는 목소리도 홈트레이닝을 할 수 있도록 실제 강의를 듣는 것처럼 쉽게 써내려갔다. 자신감을 가지고 이 책으로 당신의 목소리를 고쳐보자. 단기간 내에 분명히 당신의 목소리는 매력적으로 달라질 것이다.

스스로에게 당당하면 충분히 빛나는 인생이다

나는 눈치 보지 않고 당당하게 살기로 했다

강상구 지음 | 값 15,000원

우리는 사람이기에, 살아있기에 스스로가 세상의 중심이라고 생각하며 자신의 뜻을 펼쳐야 한다. 한 번뿐인 인생을 이 책을 통해 멋지고 행복하게 살아보자. 저자는 방법과 질문을 통해 스스로의 삶을 좀더 당당하게 살아갈 수 있도록 유도한다. 이 책을 읽으며 저자가 말한 방법을 적용하고 스스로에게 질문해보자. 그 순간 눈치 보지 않고 당당하게 맞서고 있는 자신을 발견하게 될 것이다.

■ 독자 여러분의 소중한 원고를 기다립니다 ─────────────────

  메이트북스는 독자 여러분의 소중한 원고를 기다리고 있습니다. 집필을 끝냈거나 혹은 집필중인 원고
가 있으신 분은 khg0109@hanmail.net으로 원고의 간단한 기획의도와 개요, 연락처 등과 함께 보내
주시면 최대한 빨리 검토한 후에 연락드리겠습니다. 머뭇거리지 마시고 언제라도 메이트북스의 문을
두드리시면 반갑게 맞이하겠습니다.

■ 메이트북스 SNS는 보물창고입니다 ─────────────────

메이트북스 홈페이지 www.matebooks.co.kr

책에 대한 칼럼 및 신간정보, 베스트셀러 및 스테디셀러 정보뿐
만 아니라 저자의 인터뷰 및 책 소개 동영상을 보실 수 있습니다.

메이트북스 유튜브 bit.ly/2qXrcUb

활발하게 업로드되는 저자의 인터뷰, 책 소개 동영상을 통해 책
에서는 접할 수 없었던 입체적인 정보들을 경험하실 수 있습니다.

메이트북스 블로그 blog.naver.com/1n1media

1분 전문가 칼럼, 화제의 책, 화제의 동영상 등 독자 여러분을 위
해 다양한 콘텐츠들을 매일 올리고 있습니다.

메이트북스 네이버 포스트 post.naver.com/1n1media

도서 내용을 재구성해 만든 블로그형, 카드뉴스형 포스트를 통해
유익하고 통찰력 있는 정보들을 경험하실 수 있습니다.

메이트북스 인스타그램 instagram.com/matebooks2

신간정보와 책 내용을 재구성한 카드뉴스, 동영상이 가득합니다.
각종 도서 이벤트들을 진행하니 많은 참여 바랍니다.

메이트북스 페이스북 facebook.com/matebooks

신간정보와 책 내용을 재구성한 카드뉴스, 동영상이 가득합니다.
팔로우를 하시면 편하게 글들을 받으실 수 있습니다.

STEP 1. 네이버 검색창 옆의 카메라 모양 아이콘을 누르세요.   STEP 2. 스마트렌즈를 통해 각 QR코드를 스캔하시면 됩니다.
STEP 3. 팝업창을 누르시면 메이트북스의 SNS가 나옵니다.